Manfred Glojek, geboren 1950 in Fohnsdorf, widmete sich nach seiner durch Krankheit beendeten kaufmännischen Laufbahn der Esoterik. Nach seiner eigenen Heilung begann er 1995 mit der Tätigkeit als hauptberuflicher Mentaltrainer.

In seinen Seminaren und Einzelsitzungen gibt er sein Wissen mit großem Erfolg weiter. Er arbeitet auch mit Rückführungen ohne Hypnose.

1998 erschien sein erstes Buch „Der Weg zu Gesundheit, Wohlstand und Harmonie."

1999 „Umdenken – der Weg aus der Krankheit"

2000 „Weg von den Gewichtsproblemen"

2001 „Rauchen – nein danke"

3. Auflage

Druck und Umschlaggestaltung:
Druckerei Gutenberghaus Knittelfeld
Eigenverlag
Manfred Glojek

Manfred Glojek

Der Weg
zu
Gesundheit, Wohlstand und Harmonie

Inhalt

Vorwort 6
Die 7 Körper des Menschen 15
Das Ego 22
Das Gewissen 22
Kollektives Unterbewusstsein 31
Affirmation. 36
7 Punkte zur Realisierung deines Wunsches 44
Spiegel - Gesetze 50
Entscheidungen treffen 53
Das Mangeldenken 56
Die Schuldgefühle 58
Loslassen 60
Materielles loslassen 60
Erwartungen loslassen 60
Zorn und Ärger. 62
Neid 63
Eifersucht 63
Mitmenschen 63
Selbsterkennen - Selbstbewusstsein 65
Liebe 66
Die Sorgen 67
Die Angst 68
Die Depressionen 71
Der Tod 72

13 Punkte für ein schöneres und besseres Leben . . . 74
Partnersuche 76
Partnerschaftsprobleme - Negative Beziehungen . . . 77
Auflösen einer Beziehung 79
Hass 80
Arbeit und Beruf 81
Stress 82
Entspannungsübung - Entstressen 83
Karma 85
Rückführung - Reinkarnation 87
Traum und Schlaf 98
Krankheit 103
Die Deutung der Symptome 107
Unfälle 119
Die Jenseits- oder Traumreise - eine außerkörperliche Erfahrung 123
Meditation 132
Richtiges Atmen 134
Entspannungsübung 136

Vorwort

Lieber Leser,
mit diesem Buch möchte ich für jedermann, der dazu bereit ist, meinen Beitrag zum Erreichen eines besseren, schöneren, glücklichen und erfolgreichen Lebens leisten. Ich möchte helfen, das theoretische Wissen, das viele schon besitzen, auf einfache, leicht nachvollziehbare Art in die Praxis umzusetzen.
Auch wenn jemand ein „Neuling“ ist, wird er sich beim Arbeiten mit diesem Buch nicht schwer tun.
In den Seminaren, die ich abhalte, wird, um ein vertraulicheres Klima und mehr Nähe möglich zu machen, die Du - Form gebraucht. Um das Direkte, Persönliche beizubehalten, habe ich auch dieses Buch in der Du - Form geschrieben.
Wir Menschen verlieren langsam unsere Gefühle, wir werden immer mechanischer, wie Roboter. Kaum jemand fragt sich oder kann sagen, wer oder was er wirklich ist. Auch ich war so, bis ich eines Tages mit der ernüchternden Antwort eines angesehenen Schulmediziners konfrontiert wurde: „Da kann man nichts mehr machen, da tut keiner mehr etwas“.
Und auf die Frage, wie es weitergehen soll, kam die Antwort: „Lassen Sie sich berufsunfähig erklären und für den Dauerschmerz nehmen Sie schmerzstillende Mittel“. Und das mit 44 Jahren.
Noch im Krankenhaus bekam ich von meiner Lebensgefährtin mein erstes esoterisches Buch, ein Buch von

Louise Hay. Dann folgten einige Seminare, persönliche Kontakte und Bücher, Bücher, Bücher.

Nachdem ich die Illusion auf eine Hilfe von außen aufgegeben hatte, erfolgte schrittweise die Umsetzung meines theoretischen Wissens in die Praxis.

Heute bin ich hauptberuflicher Mentaltrainer und vollkommen gesund.

In meinen Seminaren und in diesem Buch möchte ich jetzt dieses Wissen und meine Erfahrungen weiter - geben.

Möge dieses Buch für alle, die verantwortungsvoll und in Ehrfurcht vor der Schöpfung sind, eine Hilfe sein, wenn sie an sich arbeiten, sich transzentieren.

Herbst 1998 Manfred Glojek

Es wird dir schon des Öfteren aufgefallen sein, dass das, was du befürchtest oder erhoffst, wenn deine Gefühle intensiv waren, wie erwartet eingetreten ist.
War es gut und von Nutzen für dich, hast du es meist bald wieder vergessen.
War es negativ, war es für dich „Pech“, ein „Zufall“ oder es ist von „Außen“, dem du hilflos ausgeliefert zu sein scheinst, auf dich zugekommen, z. B. eine Krankheit, ein Problem oder ein Unfall.
In Wirklichkeit bist du es selbst, der für dein Wohlergehen, für deine Gesundheit und für dein harmonisches Leben, aber auch für deine Probleme, negative Stimmungen und Krankheiten alleine verantwortlich ist.
Deine Gedanken und deine Gefühle, du allein bist zu 100 Prozent für alles verantwortlich.
Denn mit jedem Gedanken, den du denkst, und jedem Satz, den du sprichst, gestaltest du deine Gegenwart und deine Zukunft.
Was und wie du denkst und sprichst, wird zur Wahrheit für dich und so gestaltest du dein Leben.
Bis jetzt gestaltest du so dein Leben und machst dann andere Personen oder Umstände für deine Probleme, Krankheiten und Frustrationen verantwortlich.

Es sollte eine Hauptaufgabe eines jeden Menschen sein, über das innere Selbst nachzudenken.
Stell dir einmal die Frage:

Wer, oder was, bin ich?

Der Mensch hat Himmel und Erde erforscht. Er ist auf dem Laufenden über das, was in Amerika, Russland oder sonst wo vor sich geht. Aber er weiß nicht, wer er ist und was er ist, und deshalb macht ihn das ganze andere Wissen nicht weise. Der Mensch erforscht vieles, er sammelt alle möglichen Informationen, aber er stellt sich niemals die Frage:

„Wer oder was bin ich“?

Du bist mein, sagt die Mutter und nimmt dich an ihre Brust. Du bist Anna oder Fritz oder sonst wer, sagt der Beamte und gibt es dir sogar schriftlich.
Du bist ein Kind Gottes, sagt der Pfarrer bei der Taufe.

Aber wer oder was bist du wirklich?

Um das zu klären, müssen wir etwas weiter zurückgehen.

Der Urknall vor ca. 15 Milliarden Jahren, entstanden durch Energie, war die Geburt der Teilchen. Energie wandelt sich in Materie. Nicht Sichtbares wird sichtbar. 4 bis 5 Milliarden Jahre später verdichten sich die Teile wieder, es entstehen die Supernovas. Sonne, Erde und die anderen Himmelskörper entstehen.
Nach ca. 3 Milliarden Jahren entsteht das erste Leben. Es entstehen Fressketten. Das Leben frisst Leben, vom Niederen zu Höherem.

Was ich damit sagen will, ist:

Alles, was existiert, ist Energie. Alles besteht aus der gleichen Grundenergie, der Schöpferenergie.

Jeder ist ein Stück von Gott, sagt auch die Bibel.

Die Naturgesetze, die damals entstanden sind, wirken von da an immer. Sie können mit unserem jetzigen Bewusstsein nur zeitlich begrenzt aufgehoben werden. Ich kann einen Stuhl aufheben, aber die Kraft meiner Muskel wird nie solange anhalten, wie die Anziehungskraft der Erde.

Durch die Evolution entstand der Mensch, mit einem Gehirn von ca. 1,3 kg. Den größten Teil des Gehirns bildet das Großhirn, ca. fünf Sechstel des Gesamthirns. Es ist der Sitz aller Vorgänge, die zu Willenshandlungen, bewussten Empfindungen, Vorstellungen und deren Verarbeitung führen, z. B. „Feuer ist heiß, ich kann mich verbrennen". Nachdem das Kind das erste Mal auf die heiße Herdplatte gegriffen hat, ist es davon auch überzeugt und hat das Programm in seinem Unterbewusstsein abgespeichert.
Es hat diese Erfahrung gemacht.

„Schokolade ist süß, das schmeckt mir", ist dagegen etwas Angenehmes, aber ebenfalls ein Programm.

Das Kleinhirn ist für die Steuerung der Körpermuskulatur und des Gleichgewichtes zuständig.
Das Stammhirn, ein Überbleibsel aus unserer Anfangszeit, auch Reptilienhirn genannt, war früher wichtig, um überleben zu können. Es war wichtig, um die

Entscheidung, Flucht oder Angriff zu treffen.

Besser, schneller, klüger zu sein, war in der Jagdzeit wichtig um überleben zu können. Das Wissen und das Zeitgefühl kamen mit der Landwirtschaft. Der Mensch lernte die Zeit dadurch kennen, da er sich bedingt durch die Landwirtschaft jetzt mit den Jahreszeiten beschäftigen musste.
In unserem Gehirn entstanden die Programme:
Erziehungs- und Prägungsprogramme bis zum 7. Lebensjahr, dann die Schulungsprogramme, Berufsprogramme und die Kriegsprogramme.

Unser polares Denken war früher wichtig, um zu wissen, wie schnell, wie groß, wie schwer ein Mammut oder ein Bär ist. Das kann man nur durch vergleichendes Denken. Man überträgt ein Wissen aus der Vergangenheit auf die Gegenwart und die Zukunft. Diese Entwicklung wird noch mehrere Generationen anhalten. Im Wassermannzeitalter entfällt das Beurteilen - und Vergleichen - Müssen immer mehr, und unser polares Denken wird immer unwichtiger.
Alles ist immer gleich (wertig), alles ist auf seinem richtigen Platz, nichts ist hoch- oder minderwertig.
Das Niedere dient dem Höheren und ist deshalb nicht minderwertiger, denn das Niedere ist der Ursprung, ist die Quelle des Höheren.
Deine Maßstäbe können nicht die Maßstäbe eines anderen sein, denn jeder beurteilt anders.

Bis jetzt hast du wahrscheinlich nur das geglaubt, was du sehen und anfassen konntest, auch an die Erklärungen der Wissenschaftler und Mediziner.
Du glaubst, dass demnächst etwas so oder so geschehen wird, weil du oder andere früher einmal diese Erfahrung gemacht haben.
Die Vergangenheit ist aber vorbei, die Zeit ist weitergegangen, nur du bist mit deinem Denken stehen geblieben.
Unser Gehirn funktioniert wie eine Videokassette. Allerdings sind die Realitäten immer aus der Vergangenheit, also genau genommen wahrscheinlich bereits überholt. Auch ein Gespräch über die Zukunft ist nur eine Illusion, denn zu Grunde liegt immer ein altes Programm.
Psychische Probleme bekommst du dann durch die Verknüpfung emotional geladener Ereignisse der Vergangenheit mit der Gegenwart oder sogar mit der Zukunft. Du überträgst eine Illusion, da du glaubst, es wird wieder so oder so, weil es schon einmal so war.

Dass alles, was existiert, Energie ist, hat die Naturwissenschaft in den letzten Jahrzehnten eindeutig nachgewiesen.
Schon Einstein sagte: „Alles was ist, ist Energie".

Jeder Gedanke ist ein Energiestrom mit eigener Schwingung und mit deiner Prägung, er verstärkt sich, auf dem Weg in das Universum, wird dort

reflektiert und verstärkt sich auf dem Rückweg wieder. Denn Gleiches zieht Gleiches an.
Diese geballte Energie empfängt dein Unterbewusstsein und wandelt es jetzt in eine für dich sichtbare oder erkennbare Form um.
Das kann etwas Positives, oder aber auch ein Problem, eine Krankheit oder ein Unfall sein.

Wenn du die Kraft, also die Energie deiner Gedanken konzentriert auf ein Ziel richtest, erreichst du dieses Ziel früher oder später. Positiv oder negativ.

Die Geschwindigkeit ist von der Intensität deines Gefühls der Freude, Angst, Befürchtung oder anderen Gefühlen abhängig.

Deine Vorstellung von der Welt, ob positiv oder negativ, schafft deine persönliche Wirklichkeit. Bist du z. B. der Meinung: „Niemand nimmt mich ernst“, wirst du genau dieses Umfeld und diese Menschen anziehen, die dir das bestätigen.
Wer erfolgreich ist, ist auch in seinem Denken erfolgreich. Der Erfolglose behindert sich mit seinem negativen Denken, den Befürchtungen und Erwartungen selbst am Erfolg.
Wenn du dein Denken nicht kontrollierst, kontrolliert es dich. Wenn du nicht an dir arbeitest, wird an dir gearbeitet, in Form von Problemen und Krankheiten.

Mit deinen Gedanken prägst du deine Handlungen. Wiederholst du deine Handlungen öfters, so werden sie dir zur Gewohnheit, das prägt dann deinen Charakter und mit ihm gestaltest du dein Leben.
Mit jedem Gedanken, den du denkst, erschaffst du deine Zukunft.
Mit zwanzig hast du das Gesicht, mit dem du geboren wurdest. **Mit vierzig hast du das Gesicht und das Leben, das du dir geschaffen hast.**

Du erntest, was du säst und du bist, was du denkst.
Dessen musst du dir nur erst bewusst werden.

Deine Lernaufgabe auf diesem Planeten ist die Beherrschung deines Gedanken- und Gefühls- oder Emotionalkörpers.
Wenn du sie beherrscht, brauchst du nicht mehr zu inkarnieren.

Die 7 Körper des Menschen:

Wir besitzen sechs Energie-Körper und einen grobstofflichen, sichtbaren Körper, **den physischen Körper.**
Wir brauchen ihn, um auf diesem Erdplaneten existieren zu können. Die Unvollkommenheiten und Krankheiten im physischen Körper sind nur das Resultat der negativen Einwirkungen unserer Gefühls- und Gedankenwelt, unserer Normen und Programme.
Wenn wir bewusste Kontrolle über unsere schöpferischen Fähigkeiten von Gedanken und Gefühlen ausüben, werden wir früher oder später Meister über Energie und Schwingung und können uns von der Materie befreien, dann sind wir vollkommen.

Die Energie-Körper umgeben den physischen Körper und durchdringen ihn.

Der Gottesfunken:

Eine Dreifältige Ewige Flamme in einem Lichtkreis.
Es ist elektronisches Licht. Es ist die Verbindung mit der Schöpferenergie. Von diesem göttlichen Strahl erhalten wir unser Leben. Dieser unsichtbare Strahl aus reinem, weißem, hochschwingendem elektronischem Licht gibt uns Bewusstsein, Intelligenz, Energie und physisches Dasein.

Es ist die Seele.

Der Kausal-Körper:
Er besteht aus 12 Lichtbändern, den 12 Sonnen Chakren. Die 12 Universalen Gesetze sind die geistigen Gesetze, die das Universum regieren.
Im Kausal-Körper werden die hohen Frequenzen der universellen Energie herunter transformiert, so dass sie dann der Schwingung der dritten Dimension entsprechen.
Im Kausal-Körper sind alle guten Taten aufgezeichnet, sowie alle guten Erfahrungen, die in allen Verkörperungen (Wiedergeburten) erlebt wurden.

Es ist unser Höheres Selbst.

Der Höhere Mental-Körper:
Er besteht aus den 7 Chakren der physischen Wirbelsäule.
Hier werden die Schwingungen nochmals herabgesetzt, um auf der physischen Ebene existieren zu können. Es ist der Zustand des reinen und vollkommenen Bewusstseins, das Bindeglied zwischen Gott und Mensch.

Der Emotional- oder Gefühls-Körper:
Bis wir unsere Gefühlswelt beherrschen, müssen wir immer wieder auf der Erde inkarnieren. Positive Gedanken, Worte und Taten haben wenig Wirkung, wenn nicht auch Gefühl, also Energie, ihnen Schwung

verleiht. Im Emotional-Körper sind die Sehnsüchte, Launen, Wünsche und Gefühle, wie Liebe, Hass, Freude, Wut, Trauer, Zweifel, Vertrauen, Angst und Mut zu Hause.
Sie formen unseren physischen Körper und bringen uns entweder Erfüllung oder Niederlage, Gesundheit oder Krankheit, Gutes, Schlechtes oder Unbedeutendes.

Der Mental- oder Gedanken-Körper:
Der Gedanken-Körper wird zum größten Teil nicht richtig genutzt, da wir mehr den Verstand als das Herz benutzen.
Er ist der Träger des Bewusstseins, besteht aus geistiger Substanz und durchdringt den emotionalen und den physischen Körper. Der Mental - Körper übermittelt Gedanken auf der Mental - Ebene durch Farbe, Ton und Form.

Der Gedanken-Körper und der Gefühls-Körper bringen die Energie der Licht - Substanz, die Elektronen in eine Form. Diese Gedankenformen manifestieren sich dann auf der physischen Ebene.
Wie du denkst und fühlst, worauf du deine Aufmerksamkeit richtest, das erhält Energie, dadurch verwirklicht es sich und nimmt Gestalt an.
Wenn wir den physischen Körper während des Todesvorganges verlassen, nehmen wir alles mit, was wir in

unseren mentalen, emotionalen und ätherischen Körpern angesammelt haben.
Bei weiteren Verkörperungen bringen wir diese Ansammlungen wieder mit.

Der ätherische Körper:
Er ist ein Energie - Körper, er besteht aus den Kraftzentren, den Haupt- und Nebenchakren, den Kraftlinien und den Meridianen. Die Energie empfängt er von der Sonne, von der Universellen Energie, den 12 Sonnenchakren, sowie von der Erde. Er leitet diese Energie über die Milz in alle Teile unseres physischen Körpers. Der ätherische Körper umhüllt unseren Körper sehr nah, durchdringt ihn, jede Zelle und jedes Organ. Zusammen mit den anderen feinstofflichen Körpern formt sich die Aura. Der ätherische Körper enthält alle Erinnerungen und Erfahrungen aus der Vergangenheit, gute oder schlechte.

Er ist unser Unterbewusstsein.

Alle Erfahrungen, positive wie auch negative, sind hier aufgezeichnet und aufbewahrt.
Vom Gedanken- Mental-Körper empfängt er die Ideen, die von dem Emotional-Körper, der Gefühlswelt mit Energie aufgeladen sind und manifestiert sie in der physischen Welt.
Der ätherische Körper ist wie ein Spiegel.
Er spiegelt alle Erfahrungen und drückt Gedanken und Gefühle in Form und Gestalt aus.

In diesem Körper ist auch die „Verbindungsschnur“ verankert, die beim physischen Tod abgetrennt wird.

Der Gedanke ist die Kraft, die dazu fähig ist, feinstoffliche spirituelle Energien so zu verdichten, dass sie in der grobstofflichen physischen Welt, also auf der kausalen Ebene, unserer angeblichen Wirklichkeit, eine materielle Form annehmen, so dass wir sie mit unseren fünf Sinnen der Bewusstseinsebene wahrnehmen können.

Materie ist also nur: sichtbare Gedanken - zur Form verdichtete Energie.

Du hast selbst auf der Seelenebene die Entscheidung getroffen, dich auf dieser Welt als Mensch mit bestimmten Lernaufgaben zu manifestieren. Diese Selbsterkenntnis ist der Schlüssel dazu, die Beziehung zu deinen Eltern zu heilen. Du hast sie dir ja selbst ausgesucht, wie alle anderen Menschen und Situationen in deiner Umgebung, in diesem Leben. Es ist der von deiner Seele selbstgewählte Lernprozess in diesem Leben.

Als Kind hast du Gott vergessen, du siehst deine Eltern als deinen einzigen Gott an, sie sind alles für dich, da du von ihnen abhängig bist. Du siehst sie als lebensentscheidende Faktoren für deine Selbstentfaltung an. So übernimmst du meist auch die falschen Programme, die sich dir dann einprägen.

Uns wird nicht der Sinn des Lebens gelehrt, sondern der Unsinn der Vergangenheit.
Schon als Kind lernst du durch die Reaktion der Erwachsenen, wie du dich und das Leben zu empfinden hast.
Wenn du in einer Umgebung von unglücklichen, verängstigten, sich schuldig fühlenden Menschen aufgewachsen bist, dann hast du höchstwahrscheinlich auch ihre negativen Programme übernommen.
Deine Umgebung, die Eltern, die Lehrer, die Mitschüler und auch deine Partner/innen machen dich zu einem Opfer von Opfern. Denn sie haben es zu diesem Zeitpunkt, als sie dich unbewusst mit ihren Verhaltensmustern und ihren Programmen prägten, nicht besser gewusst.
Wenn deine Mutter nicht gelernt hat sich zu lieben, oder dein Vater nicht gelernt hat sich zu mögen, dann konntest du von deinen Eltern keine Selbstliebe lernen. Sie haben ihr Bestmögliches für dich getan. Sie konnten ja auch nur das weitergeben, was ihnen als Kinder beigebracht wurde.
Um deine Eltern besser verstehen zu können, solltest du sie von ihrer Kindheit erzählen lassen.
Achtest du auf ihre Erzählungen, wirst du erkennen, woher ihre Ängste, Programme und Verhaltensmuster kommen.
Die Probleme deiner Mutter und deines Vaters sind die Grundstufe deiner Evolution.

Schon als kleines Kind prägst du dir deine Überzeugungen ein.
Z. B.: Das ist gut. Das ist schlecht. Das mag ich. Das mag ich nicht. Ich habe nicht genug. Ich lerne schwer. Ich kann mir nichts merken. Ich mache nie etwas richtig. Ich bin es nicht wert. Ich bin ein schlechter oder unvollkommener Mensch. Ohne Haube verkühle ich mich. (Wissenschaftlich ist erwiesen, dass man sich nicht verkühlt, wenn man nass im Zug steht.)
Später festigst du deine Programme und dein Verhalten mit den Erfahrungen, die du dazu machst. Du befürchtest oder erwartest es.
Wenn du auf dein Leben zurückblickst, kannst du feststellen, dass du schon öfters die selben Erfahrungen gemacht hast. **Du hast dich mit der Ursache noch nie bewusst auseinander gesetzt** (geschlagene Frau, gleiche Probleme im Elternhaus?).

Vom 5. Schwangerschaftsmonat an wird im Unterbewusstsein alles gespeichert. Denkt die Mutter zu diesem Zeitpunkt noch an Abtreibung, ist sie oder der Vater dem Kind gegenüber negativ eingestellt, hat das Kind später einmal, vielleicht als Erwachsener, einen „Knacks" oder eine negative Einstellung einem Elternteil gegenüber, weiß aber nicht warum.
Es gibt mehrere Möglichkeiten, das jetzt zu erkennen.
Z. B. durch eine Rückführung oder durch Befragen des Höheren Selbst, worauf wir später noch zurückkommen.

Bis zum 3. Lebensjahr werden vom Umfeld (Eltern, Großeltern o. a.) die Programme übernommen. Das Kind hat noch kein Ich - Empfinden, keine eigene Persönlichkeit. Es sagt auch nicht: „Ich bin hungrig", sondern z. B. „Kurti hat Hunger".
Erst vom 3. Lebensjahr an entwickelt das Ego die Persönlichkeit und trennt uns dann immer weiter von der Vollkommenheit.

Das Ego

Die negativste Form des Ego ist die, die dich zu Hass, Gier und Zerstörung treibt.
Die bessere Seite des Ego ist das Superego.
Das Superego teilt sich in das Ego - Ideal und das Gewissen auf.
Das **Ego - Ideal** enthält: die positiven Gebote, unsere Wünsche, die Zielsetzungen, die Regeln und Annahmen. Das Ego - Ideal gibt dir die Erlaubnis, was du denken darfst, was du fühlen darfst und was du tun darfst .
Wenn du die Gebote des Ego befolgst, empfindest du Stolz.
Das **Gewissen** beinhaltet: alle negativen Gebote, die Verbote und die Tabus.
Ein Verstoß erweckt in dir Schuldgefühle.

Das Ego lehrt dich, wie du am besten auf Kosten anderer für dich sorgen kannst. Es lehrt dich Egoismus, Gier, Verurteilung und Engstirnigkeit.

Es redet dir auch ein, ich bin der oder ich bin das, aber auch, ich bin meine Schwäche oder mein Zorn, meine Kleinkariertheit und Engstirnigkeit.
Das Ego möchte die Trennung von Gott und somit seine eigene Herrschaft aufrechterhalten. Deshalb sagt es dir auch, dass es egoistisch ist, sich selbst zu lieben. Stell dich vor einen Spiegel und sag zu deinem Spiegelbild: „Ich liebe dich" oder „Ich bin wunderbar".
Am Anfang wird es sicherlich nicht leicht sein. Wahrscheinlich wirst du es ins Lächerliche ziehen.
Wenn du dich aber nicht selbst lieben kannst, wie sollst du dann ein Selbstwertgefühl besitzen?
Ohne Selbstwertgefühl wird es aber auch mit deinem Selbstbewusstsein nicht weit her sein.

Wird dir in der Kindheit schon Unzulänglichkeit oder das Gefühl einer Sache nicht wert zu sein, eingeredet, ist das, wie z. B. Schwimmen oder Autofahren, ein Energiefeld.

Jedes Programm oder jede Norm ist ein Energiefeld. Mit deinem Gefühl oder der Intensität, mit der du bei der Sache bist, verstärkst du dieses Energiefeld. Ein einmal aufgebautes Programm, ein Energiefeld, wirst du in diesem Leben nicht mehr los.

Wenn du z. B. ein negatives Programm erkennst, dem ein positives Programm gegenüber stellst und damit

arbeitest, verstärkst du das neue Programm. Das alte negative Programm (Energiefeld) wird, da es nicht mehr aktiviert wird, in den Hintergrund gedrängt und immer schwächer.
Es wird aber nicht restlos eliminiert.
Zum leichteren Verständnis: Wenn du das Schwimmen erlernt hast, hast du ein Energiefeld aufgebaut, das Schwimmen heißt. Schwimmst du jetzt lange Zeit nicht, wird dieses Energiefeld logischerweise immer schwächer. Fällst du dann eines Tages in das Wasser, wirst du nach einigen komischen Bewegungen wieder Schwimmbewegungen machen, das alte Energiefeld ist wieder aktiviert.

Das Ego wird am Anfang deiner mentalen Arbeit immer wieder versuchen, die alten negativen Programme zu aktivieren, da es von den negativen, niederen Schwingungen lebt.

Was deine Augen als Stoffe und Formen wahrnehmen, ist in Wirklichkeit nur Energie, denn alles was existiert, ist letztlich reine Energie.
Gefühle, Gedanken, Materie, alles besteht aus der gleichen Grundenergie.
Umso fester dic Materie, desto schwerer die Schwingung. Positive Gedanken haben eine hohe aufbauende Schwingung, negative Gedanken eine niedere, schwere, disharmonische Schwingung.

Das ist auch die Erklärung, warum wir durch die bloße Kraft unserer Gedanken unsere Persönlichkeit, unsere Lebensumstände und unser Umfeld ändern können.
Es geht im Universum keine Energie verloren. Sie verändert sich nur.
Wer bestimmte Wirkungen erzielen will, muss erst entsprechende Ursachen setzen. Wenn du das machst, kannst du die Umstände deines Lebens wirklich selbst bestimmen. Alles was du für ein erfolgreiches Leben benötigst, hast du schon immer in dir.
Ist dir das bewusst, eröffnen sich dir unbegrenzte Möglichkeiten und du kannst dir und anderen helfen.

In der Bibel heißt es:
Der Glaube kann Berge versetzen.
Alles was ich kann, könnt ihr auch und noch viel mehr.

Mach den Versuch und such dir zwei gleich große Wolken aus.
Jetzt konzentriere dich auf eine davon und sag ihr mehrmals mit Gefühl, du löst dich jetzt auf. Nach einigen Minuten wird sie weg sein, die zweite Wolke wird aber noch sichtbar sein.

Wenn du das gemacht hast, muss dir bewusst sein, dass du jede Energie, also alles, mit der Kraft deiner Gedanken positiv oder negativ beeinflussen kannst.

In jedem Moment in deinem Leben setzt du meist so unbewusst Ursachen, die als Glück oder Leid, Harmonie oder Disharmonie, als Krankheit oder Wohlbefinden in Erscheinung treten.
Die Art der Gedanken, positiv oder negativ, entscheidet über die Qualität deines Lebens.
Darum musst du als erstes bewusster zu leben, zu denken und zu fühlen lernen.
Du musst lernen: Hass, Neid, Ärger und Schuldgefühle, also alles Negative und Destruktive in deinem Gefühls- und Geistesleben, in seiner Entstehung zu erkennen und umzuwandeln.

Wenn du die Gedanken über etwas änderst, ändert sich dadurch für dich die Bedeutung der Wirklichkeit.
Du kannst das herrliche Leben, das du leben könntest, nicht genießen, wenn du die Zeit nur dazu benutzt, die Realität zu verändern. Die Anstrengung, die Realität zu ändern, verkürzt und kostet dir dein Leben.
Du solltest die Energie, die du **gegen** dich selbst richtest, positiv für dein schöneres, besseres und harmonischeres Leben zum Wohle aller einsetzen.
Das Paradies ist hier und jetzt auf dieser Erde, nur du machst es mit deinen Gedanken für dich zum Fegefeuer oder zur Hölle auf Erden. Gedanken sind schöpferisch und du bist der Denker. **Du** schreibst ein Stück, führst Regie und spielst **deine** Rollen vor **deinem** selbst geschaffenen Bühnenbild, und schaffst so eine Szene, aus der du in eine andere übergehst.

Nur **du** kannst diese scheinbare Realität durch die Erhöhung deines Bewusstseins in ein Leben in Klarheit und Harmonie umwandeln. Dieser Schritt ist aber nur **in** dir vollziehbar und nicht äußerlich oder überhaupt von außen kommend.
Wenn du dich nicht entscheidest aus dem Haus zu gehen, bleibst du immer darin und es geschieht nichts.

Jedes Problem, jede Sache, jede Person bekommt erst dann keine Energie mehr von dir, wenn du sie loslässt. Das notwendige Überdenken der alten Meinungen, Gewohnheiten und Überzeugungen erfordert das Loslassen. Wenn durch Loslassen kein neuer Platz geschaffen wird, entsteht kein Platz für Neues.

Wenn du Zweifel in Hoffnung, Angst in Vertrauen und Hass in Liebe verwandelst, ist dein inneres Gleichgewicht und auch deine Gesundheit wieder hergestellt. Entscheide dich auch für ein schöneres, harmonischeres Leben und ein Leben in Wohlstand.
Du kennst unbewusst die Wahrheit, wie du richtig denken und handeln sollst. Doch sie ruht meist unter einer dicken Schicht Bequemlichkeit, Materialismus, Unsicherheit und Angst begraben.

Das positive Denken, deine Selbstliebe und dein Selbstwertgefühl sind die Basis für dein Leben in Glück, Harmonie, Gesundheit und Erfolg.

Du weißt, alles ist Energie. Wenn du zum Beispiel das Gefühl „Ärger“ empfindest, wird die Energieform, die dem Ärger entspricht, sich auf dem Weg zum Objekt deines Ärgers verstärken, denn Gleiches zieht Gleiches an und auf dem Rückweg zu dir geschieht wieder dasselbe und die Energie kommt dann vervielfacht zu dir zurück..
Dein Unterbewusstsein empfängt diese Energie und wandelt sie jetzt in eine für dich erkennbare Form um, in ein Problem oder in eine Krankheit und macht dich damit auf dein falsches Denken aufmerksam.
Jetzt kannst du berichtigen, also umdenken, oder leiden. Nimm die Dinge so, wie sie kommen. Sorge aber dafür, dass sie so kommen, wie du sie haben möchtest.

Die Ursachen für alles, was in deinem Leben vor sich geht, sind alle in deinem Unterbewusstsein zu suchen. Das Unterbewusstsein funktioniert wie eine Kassette und speichert alles. Es arbeitet unpersönlich und neutral. Es urteilt nicht, ob gut oder böse. Es führt alle Befehle deines Bewusstseins aus, die du ihm in Form von Gedanken, Ideen, Wünschen, Befürchtungen oder Erwartungen vorgibst.
Redest du etwas Negatives oder denkst du überzeugt daran, so schließt dein Unterbewusstsein daraus, dass es das ist, was du möchtest und es realisiert deinen „Wunsch“. Ist es etwas Positives, so wird das Positive realisiert.

Wie dein Unterbewusstsein für dich arbeitet, kannst du jederzeit ausprobieren.
Denk jetzt bewusst an das Gefühl, wie es ist, wenn Porozell an Porozell gerieben wird oder wenn Kreide über eine Tafel kratzt.
Desto intensiver deine Gedanken daran sind, umso unangenehmer wird das Gefühl, obwohl keine Kreide, keine Tafel oder Porozell vorhanden ist.

Das Unterbewusstsein versteht keine Verneinung, da es aus der Vollkommenheit kommt.

Die Worte „nein“, „nicht“ und „kein“ müssen durch positives Denken ersetzt werden.

Z. B. Das wird mir nicht passieren. Ohne „nicht“ bedeutet das für dein Unterbewusstsein: „Das wird mir passieren.“ Dein „Wunsch“ wird in Erfüllung gehen.
Oder: „Ich darf morgen Früh nicht verschlafen.“ Ohne „nicht“ bedeutet das, „Ich darf morgen Früh verschlafen.“ Du wirst morgen verschlafen.
Richtig wäre: „Morgen Früh wache ich um ......Uhr erholt und voller Energie auf.“

Das Unterbewusstsein kennt auch keinen Zeitbegriff.

„Ich werde **bald** mehr Geld haben.“ **Bald** ist eine Zukunftsform, die dein Unterbewusstsein nicht kennt,

denn du lebst in der Gegenwart.
So formuliert, wird der Geldregen, wenn überhaupt, erst viel später einmal eintreffen.

Besser ist es, wenn du davon überzeugt bist, dass du immer mehr hast, als du verbrauchen kannst.
Denn dein Wille geschehe.
Deine Gedanken lenken die Materie und du bist der Lenker.

Beispiele zum Umdenken:

Ich habe keine Schmerzen mehr.
Ich fühle mich wohl.
Ich bin nicht mehr unsicher.
Ich bin voll Sicherheit und Selbstvertrauen.
Täglich habe ich weniger Angst.
Mein Mut und mein Selbstbewusstsein werden täglich größer.

Denk einmal darüber nach, was geschehen wird, wenn du zu einem Kind sagst: „Schütt deinen Kaffee **nicht** aus" und womöglich auf dem neuen Tischtuch schon den **befürchteten** braunen Fleck siehst?
Das Kind kann unbewusst gar nicht anders. Du bist die Ursache, das Kind ist nur das Werkzeug für **dein** Denken.
Das aber gilt für alle Situationen in deinem Leben. Du willst immer die Schuld nach außen oder auf andere abgeben, so ist es für dich und dein Ego am bequemsten.

Jedes Unterbewusstsein befindet sich auch im <u>kollektiven Unterbewusstsein.</u>

Jeder kennt die Situation, wenn Vogel- oder Fischschwärme plötzlich synchron eine Richtungsänderung machen. Das kann in dieser Geschwindigkeit nicht über ein Kommando, sondern nur über das kollektive Unterbewusstsein geschehen.
Ein guter Wahrsager „zapft" das kollektive Unterbewusstsein an und erfährt das, was er dir sagt, von deinem Unterbewusstsein.
Kollektive Angst (Unwissenheit), z. B. vor der Atomenergie, muss, wenn genug negative Energie vorhanden ist, zu einem Unglück führen.
Zur Zeit der Badehäuser uferte das sexuelle Leben der Menschen aus, zur selben Zeit brachten die Seefahrer aus Amerika die Syphilis nach Hause. Bis sich das allgemeine Bewusstsein änderte, starb eine große Anzahl Menschen. Dann erst wurde das Penicillin erfunden. Heute ist es Aids.
Jetzt kannst du selbst z. B. über BSE, den Rinderwahn, Serien von Flugzeugabstürzen, Zugunfällen und anderen Katastrophen nachdenken.

Das Bewusstsein fängt bei den Kristallen an. Nachweislich besitzen Kristalle bereits eine Aura.
Über das Pflanzenreich geht die Evolution zu den Reptilien und weiter zu den Säugetieren, deren Krönung wir zu sein glauben.

Die meisten von uns haben ihren Werdegang so durchgemacht, was durch Rückführungen bestätigt werden kann.
Durch extreme Randbedingungen sind wir auch zu außergewöhnlichen Leistungen fähig.
Eine Mutter hebt mit einer Hand einen Kleinlastwagen an, um ihr darunter eingeklemmtes Kind herauszuziehen.
Ein Kühlwagenfahrer kontrolliert seinen Kühlwagen, ein vorbeikommender Kollege macht die offene Tür zu und der Kühlwagenfahrer erfriert im Sommer im nicht eingeschalteten Kühlwagen, da er glaubt, dass er in Betrieb ist.
In einem Chemiekonzern geht ein Beschäftigter an einem Behälter, von dem er weiß, dass er immer Säure enthält, vorbei. In diesem Moment spritzt Flüssigkeit heraus und auf ihn. Mit schweren Verätzungen kommt er auf die Intensivstation. Was er nicht wusste, war, dass zu diesem Zeitpunkt wegen einer Behälterreinigung nur lauwarmes Wasser im Behälter war. Seine Haut registrierte nur das Wasser, aber sein Unterbewusstsein reagierte auf Säure.
In Hypnose kann man die Suggestion erhalten, dass eine Zigarette auf dem Handrücken ausgedämpft wird oder ein Glutstück, in Wirklichkeit z. B. ein Apfel wird auf die Hand gelegt. Nach der Hypnose ist der Brandfleck tatsächlich zu sehen.

Auch die Prognosen zur Umwelt, ob über die Tropenwälder, das Ozonloch oder andere, sind nur Vermutungen.

Die Hochrechnungen aller „Endzeitler" können gar nicht stimmen, weil wir Menschen überhaupt nicht in der Lage sind, Prozesse über längere Zeit in die Zukunft hinein zu verfolgen.
Die wirklichen Ausmaße können wir nicht abschätzen.
Unendlich viele Ereignisse verändern ständig das, von dem wir glauben, dass es so oder so kommen wird, oder kommen muss. Wir greifen nur auf unsere Illusionen, die Erfahrungen zurück.

Wir glauben, durch Berechnungen genau zu wissen, dass ein Objekt mit der Form einer Hummel nicht fliegen kann. Die Hummel weiß das nicht - und sie fliegt.

Du weißt jetzt:

Mit deinen Vorstellungen kannst du dein Unterbewusstsein beeinflussen, positiv oder negativ.
Dein Unterbewusstsein führt für dich alles aus, Gutes und Schlechtes. Denn es ist neutral.
Im Unterbewusstsein ist das ganze positive und negative Wissen vom Urknall bis heute vorhanden.

Müsste dein Bewusstsein über alles bestimmen, könntest du dich nur sehr langsam bewegen. Du müsstest über jeden Schritt, jede Bewegung, jedes Wort, jeden Atemzug, jeden Herzschlag usw. nachdenken.
Dein Unterbewusstsein übernimmt aber diese Arbeit und fungiert als dein Diener oder Knecht.
Dein Bewusstsein wacht z. B. am Morgen auf und sagt dir, du musst dich fertigmachen um zur Arbeit zu gehen. Während du damit beschäftigt bist, über den bevorstehenden Tag nachzudenken, arbeitet dein Unterbewusstsein und folgt deinen Anweisungen.
Es hebt deine Beine aus dem Bett, führt dich ins Badezimmer, wäscht dich, putzt dir die Zähne und zieht dich an, ohne dass du auf diese Tätigkeiten besonders achten musst.
Alle diese Tätigkeiten sind Reflexhandlungen, die vom Unterbewusstsein ausgeführt werden.

Auch das Autofahren läuft größtenteils automatisch ab. Dein Bewusstsein beschäftigt sich mit den Problemen des Tages und das Unterbewusstsein fährt das Auto. Du achtest kaum auf die Straße, außer dein Unterbewusstsein alarmiert dich, dass etwas Außergewöhnliches vor sich geht. Bei genügend Negativenergie in den Unfallprogrammen wird es einmal eine Meldung nicht weitergeben. Dir passiert ein Unfall.

Unfallprogramme sind:
Unvermögen für sich selbst einzutreten.

Z. B. in einer Partnerschaft oder im Beruf.
Auflehnung gegen Autorität.
Z. B. Verstoß gegen Gesetze und Vorschriften.
Glauben an das Mittel Gewalt.
Z. B. stur deine Meinung durchsetzen.
Alle Befürchtungen und Erwartungen eines Unfalls, egal welcher Art.

Wenn genug negative Energie vorhanden ist, kannst du dich darauf verlassen, dass dein Unterbewusstsein reagieren wird.

Ein Freudscher Versprecher sagt dir z. B., dass dein Bewusstsein nicht achtsam war und die Wahrheit aus dem Unterbewusstsein durchkam.

Wenn du irgendeine Tätigkeit ausübst, gibt dein Verstand laufend endlose Erklärungen über das Leben, deine Gefühle, deine Probleme, andere Menschen, die Welt u. a. ab.
Ältere Menschen sprechen sogar laut, jeder kennt das. Wenn du darauf achtest, um was es sich eigentlich handelt, wirst du bemerken, dass diese Gedanken alte Programme und Muster sind, die dich schon lange, oft schon jahrzehntelang begleitet haben. Sie aber beeinflussen deine Gegenwart und Zukunft. Alles, was sich bis heute in deinem Leben ereignet hat, ist durch deine Gedanken und Überzeugungen, an denen du in der Vergangenheit festgehalten hast, verursacht worden.

Diese Gedanken und Überzeugungen, kurz gesagt deine Programme, können von gestern, voriger Woche, vorigem Jahr oder von den vergangenen 10, 20 oder 30 Jahren stammen.
Dieser innere Kommentar beeinflusst und prägt deine Gefühle, und es ist dein Gedankensystem, das dafür verantwortlich ist, was dir geschieht und was du erlebst.
Mit der Hilfe von Affirmationen kannst du das negative Geplapper in deinem Kopf durch positive Ideen und Gedanken ersetzen.

Affirmation bedeutet:

Bekräftigung, Bejahung, Bestätigung oder Zustimmung.

Eine Affirmation sagt aus, dass etwas schon **jetzt so oder so** ist.
Jede positive Aussage kann eine Affirmation sein.
Die Formulierung muss immer positiv sein und sie soll kurz und einfach sein.
Die Formulierung muss immer in der Gegenwartsform sein, da dein Unterbewusstsein keine Zeit (Zukunft) kennt.
Nicht „ich werde“, sondern „ich habe“, damit ist es auf der gedanklich - geistigen Ebene erschaffen und wird sich in der materiellen Welt manifestieren. Denn Mentales wird Reales. **Um so stärker dein Gefühl dabei ist, um so stärker prägt es dein Denken.**

Z. B.: Ich bin erfolgreich. Ich schaffe alles. Usw.

Mit dieser wirkungsvollen Technik kannst du in kurzer Zeit deine Einstellungen und deine Erwartungen dem Leben gegenüber, was sich natürlich auf deine Gesundheit, deine Beziehungen, deinen Beruf und alles andere positiv auswirkt, ändern.

Gedanken sind wie eine Saat. Würdest du Unkraut aussäen?

Du kannst mehrere Tage lang deine Gedanken mitschreiben. Am besten ist, du legst eine Strichliste an, denn 60 bis 70 % deiner Gedanken wiederholen sich immer wieder. Aber gerade diese Gedanken sind ausschlaggebend für dein Wohlbefinden, deine Partnerschaft, deine Gesundheit und deinen Erfolg, jetzt und in deiner Zukunft.

Dein Ego wird am Anfang Widerstand gegen Veränderung und geistiges Wachstum zeigen, denn die Ursache für Angst, Zorn, Selbstgerechtigkeit, Niedergeschlagenheit, Trauer und andere negative Gefühle liegt darin, dass das Ego, da seine Existenz von diesen schweren, langsamen Schwingungen abhängig ist, sie immer wieder zu aktivieren und wiederzubeleben versucht.
Du wirst das aber immer schneller erkennen und es nicht mehr zulassen. Du brauchst nicht zu versuchen, die negativen Gefühle, Normen und Programme zu ver-

drängen, du erkennst ganz einfach bewusst deinen Irrglauben, die Illusion, und drehst den Spieß um, du denkst jetzt überzeugt positiv über das Betreffende.
Du wirst das Leben mit anderen Augen sehen und immer öfter positive Erfahrungen machen. Wenn du deine Gedanken von negativ auf positiv änderst und positiv weiterdenkst, bekommt das Negative keine Energie mehr und wird immer schwächer.

Du musst deinem Unterbewusstsein immer wieder Situationen mental so vorspielen, wie du sie gerne hättest. So erhält dein Unterbewusstsein auch ein neues Bild und das alte Programm wird immer schwächer. Je mehr negative Programme du „umarbeitest", um so schöner, leichter und harmonischer wird dein Leben.

Das Negative ist auch immer ein Energieverlust. Damit schwächst du dein Immunsystem.

Z. B. Lügen, Angst, Befürchtungen, Hass, Reden über Krankheiten, negative Äußerungen über das andere Geschlecht, wenn auch nur im Spaß. Und, und, und.
Dein Unterbewusstsein unterscheidet nicht, ob du etwas im Spaß oder im Ernst meinst.
Das kannst du jederzeit mit dem Armtest testen.

Das Unterbewusstsein hat auch den Auftrag, dein Bewusstsein von Informationen, die du nicht ständig be-

nötigst, frei zu halten. Du hast aber immer Zugriff auf diese Informationen.
Du kannst am Abend dein Höheres Selbst um Vergessenes fragen. Entweder du bekommst die Antwort im Traum, oder der erste Impuls oder Gedanke beim Aufwachen sagt es dir.

In unserem Höheren Selbst ist das ganze positive Wissen vom Urknall bis heute vorhanden.
Darum frag immer dein Höheres Selbst um Rat.

Du arbeitest schon **immer** mit deinem Höheren Selbst, denn, wenn du dich etwas fragst, kommt jeder **erste Gedanke** immer von deinem Höheren Selbst und er ist **immer richtig.** Der zweite Gedanke und der Zweifel kommen dann von deinem Ego.

Alle Gedanken und alle Gefühle, die in dir entstehen, senden magnetische und elektrische Wellen durch deinen Körper und beeinflussen auf diese Weise die Atome und Moleküle der Körperzellen.
Die Qualität dieser Gedanken und Gefühle wirkt sich so unmittelbar auf deine Körperzellen aus. Der Körper ist so gesehen der Spiegel der Seele.
Das ist am Aussehen und an dem Gesundheitszustand eines Menschen relativ leicht zu erkennen.
Ein passiver und schüchterner Mensch hat eine andere Hautfarbe, einen anderen Gesichtsausdruck und eine andere Körperhaltung als ein aggressiver Mensch.

Schon Paulus sagte:
Verwandelt euch durch die Erneuerung eures Geistes.
Das Himmelreich ist in euch, sagte Jesus, hier und jetzt.
Oder: Gehe hin in Frieden, dein Glaube hat dir geholfen.
Alles, worum ihr betet und bittet, glaubt nur, dass ihr es bereits empfangen habt und es wird euch zuteil werden.

Wenn dir bewusst ist, dass dir nichts geschehen kann, was sich nicht im Einklang mit deinem Bewusstseinszustand befindet, hältst du den Schlüssel zur Selbst - und Gotteserkenntnis in deiner Hand.
Darum lebe gelassen, ohne dir Sorgen um die Vergangenheit oder Zukunft zu machen.

Gedankenkontrolle ist also der Schlüssel zur Beherrschung deines Schicksals. Denn jeder ist seines Glückes Schmied.

Es sind alles nur Gedanken, und Gedanken lassen sich jederzeit verändern.

Ich denke jetzt anders, ich spreche jetzt anders, ich handle jetzt anders.

Mein ganzes Leben ist jetzt anders.

Aber **du** musst deine Denk- und Sprechweise verändern, nur dann finden für dich auch äußere Veränderungen statt. Dadurch ändern sich dein Leben, deine Beziehungen, deine Gesundheits- und Arbeitsplatzprobleme und auch deine Finanzen.

Beobachte deine Gedanken, da du jetzt weißt, dass deine Gedanken dein Leben formen. Unterbrich dich mitten in der Arbeit, denk dir „Stopp“, und frag dich, ob es dir recht wäre, wenn dieser Gedanke, den du gerade gedacht hast, Wirklichkeit wird.
War es ein Gedanke des Ärgers, des Verletztseins, der Angst oder der Rache?
Bemerkst du einen negativen Gedanken oder negativ gefärbte Worte, und das wird dir immer öfter auffallen, so denke diesen Gedanken nicht mehr zu Ende, oder höre mitten im Satz auf zu sprechen. Formuliere den Satz neu, oder du lässt ihn einfach weg.

Ärgere dich jetzt nicht mehr über Fehler in der Vergangenheit. Du kannst sie jetzt nicht mehr ändern oder ungeschehen machen. Wenn du jetzt denkst: „Ich habe das alles früher ja nicht gewusst“, dann sei dir bewusst: Unwissenheit schützt vor Strafe nicht. Lebe „jetzt“ und lerne aus den vergangenen Fehlern.

Das Unterbewusstsein reagiert auf deine Affirmation anders, nämlich schwächer, als auf deine bildliche Vorstellung.

Sag zu deinem Mund: „Mund, produziere Speichel“. Jetzt achte darauf, wieviel Speichel du im Mund hast. Jetzt stellst du dir bildlich vor, jemand schneidet eine große frische Zitrone in Spalten auf. Der Saft tropft herunter, du bekommst jetzt eine dieser Zitronenspalten, beißt hinein, der Saft rinnt dir über deine Lippen und das Kinn. Wieviel Speichel hast du jetzt im Mund?

Kannst du dir nichts bildlich vorstellen, dann stell vor dich eine Kerze oder eine Blume hin, betrachte sie genau und schließ so lange deine Augen, bis du sie nicht mehr vor dir siehst. Diese Übung machst du eine Woche lang, täglich vier bis fünf Minuten lang. Danach kannst du dir alles, was du willst, bildlich vorstellen. Je plastischer du dir das Bild vom Endzustand vorstellst und je öfter das geschieht, um so wahrscheinlicher wird seine baldige Verwirklichung.
Wichtig ist vor allem kein Selbstbetrug (Ich glaube es eh` nicht, aber ich probier's halt). Wenn der Glaube, also die Logik und der Wille gegeneinanderstehen, siegt immer der Glaube, also der Zweifel.
Zweifel ist aber nichts Wirkliches, er ist eine Illusion.

Der wesentliche Unterschied zwischen Wunschdenken und positivem Denken besteht darin, dass du einmal etwas willst und das andere Mal etwas glaubst.
Dein Wille wird von deinem Ego eingesetzt, um die Ziele deines Ego zu erreichen. Wunschdenken ist Wollen, das von keinem Glauben erfüllt ist.

Vor der Anwendung deines Wunschbildes und deiner Affirmation musst du erst einmal innerlich loslassen und dich entspannen.
Die innere Stille, die völlige Leere des Geistes soll erreicht werden.
Diese Gedankenkontrolle ist nur eine Übungssache. Du solltest sie anfangs täglich mehrmals üben.

Du setzt dich entspannt hin, schließt deine Augen und richtest deine Konzentration innerlich auf dein drittes Auge ober deiner Nasenwurzel. Dadurch kommen weniger oder keine störenden Gedanken auf.
Jetzt versuchst du an nichts mehr zu denken. Den Gefühlen und Gedanken, die auftauchen, bietest du keinen Widerstand, du lässt sie vorbeigehen. Du kannst sie dir auch als Wolken vorstellen.
Sind die Gefühle oder Gedanken hartnäckig, dann sag zu ihnen: „Später, nicht jetzt".
Und jetzt stell dir vor, wie universelle Energie über deinen Scheitel in dich einströmt, bis du das Gefühl hast, dass du damit vollkommen erfüllt bist.
Wenn du so alles losgelassen hast, fühlst du dich stark und mächtig, du spürst die Kraft des Universums in dir.

7 Punkte zur Realisierung deines Wunsches

1. Liste alle deine Wünsche auf, sortiere sie nach Dringlichkeit aus, bis nur mehr einer übrigbleibt. Denn Rest hebe für später auf.

2. Kläre, ob der Wunsch realistisch ist und ob du niemandem damit schadest.
   Du handelst dir ansonsten eine Karmasünde ein. Frag dich, will ich es wirklich? Wenn ja, dann mach es mit viel Freude. Die Energie deiner Gefühle ist die „Schubkraft“ bei der Verwirklichung deines Wunsches.

3. Keine Halbherzigkeiten! Entweder - oder, und dann steh wirklich dazu.

4. Überleg, ob du auch wirklich bereit bist, es anzunehmen? Denk an mögliche Konsequenzen, z. B. wieder arbeitsfähig zu sein.
   Wenn du dich in deinem Innersten dagegen wehrst, kann dein Wunsch natürlich nicht in Erfüllung gehen. Du arbeitest gegen dich selbst.

5. Jetzt musst du alle anderen Wünsche loslassen.

6. Nun formuliere deinen Wunsch kurz und prägnant. Formuliere „oder etwas Besseres“ dazu, denn dein Unterbewusstsein ist kreativer als du.

Wenn es sich um einen materiellen Wunsch handelt, formuliere „zu niemandes Schaden“ dazu.
Zweifle jetzt nicht daran, sondern sei fest davon überzeugt, dass dein Wunsch **bereits erfüllt ist.**
Es gibt nur die Gegenwart, eine Zukunft kennt dein Unterbewusstsein nicht.
Die Energie deiner Gefühle ist nun ausschlaggebend für die rasche Verwirklichung deines Wunsches.
Habe jetzt immer das Ziel vor deinen Augen und denke jetzt nicht über mögliche Probleme oder Schwierigkeiten nach. Dadurch beschwörst du sie herbei.
Sei dir immer bewusst:

Wer glaubt, der kann. Mein Wille geschehe.

7. Jetzt mach dich geistig leer, lass alle störenden Gedanken und Gefühle los und stelle dir das Bild des Endzustandes plastisch vor.
Sprich deine Affirmationen und dank dem Schöpfer von Herzen für die Verwirklichung deines Wunsches.

Achte darauf:
Wenn außer dir niemand von dem, an dem du arbeitest, weiß, kann dich kein Otto Normalbürger durch dauerndes Nachfragen oder Verspotten zum Zweifeln bringen, und der Erfolg ist dir sicher.

Desto öfter du an deinem Wunsch arbeitest, um so schneller verwirklicht er sich.
Diese Arbeit sollst du am Abend vor dem Einschlafen und am Morgen nach dem Aufwachen im Alphazustand machen.
Im Wachzustand sind unsere Gehirnströme im Bereich von 40 bis 14 Hertz. Im Entspannungszustand in der Alphaphase, in dem wir Zugang zu unserem Unterbewusstsein haben, betragen unsere Gehirnströme 13 bis 8 Hertz. Im Tiefschlaf oder in der Hypnose 7 bis 4 Hertz, und im Koma 3,5 bis 0,5 Hertz.

Du sollst dich immer auf deine tägliche geistige Arbeit freuen und sie nicht als Belastung sehen.
Mach konzentriert deine geistige Arbeit und dann lass los. Nur kein Versteifen und Verkrampfen.
Hat sich dein „Wunsch" nach zirka drei Wochen noch nicht manifestiert, dann mach eine Pause von einer Woche, damit es nicht zur Automation wird.
Meine Erfahrungen mit meinen Seminarteilnehmern haben gezeigt, dass bei konsequenter geistiger Arbeit sich nach zwei bis drei Wochen der Wunsch manifestiert hat. Tritt kein Erfolg ein, dann überdenke deinen Wunsch und deine Formulierung. Vielleicht ist noch im Hintergrund ein negativer Gedanke aufzulösen.

Die Affirmationen nur lesen oder runterratschen ist zu wenig. **Man muss im Innersten davon überzeugt sein und sie leben.**

Beispiel - materiell:

Schöpfer, ich danke dir für die problemlose Erbauung und Fertigstellung unseres schuldenfreien Hauses. + Bildliche Vorstellung.

Beispiel - Partnerschaft:

Ich danke dir Schöpfer, für meinen perfekten, harmonischen, liebevollen und positiven Partner. + Bildliche Vorstellung.

Bei Krankheiten, Problemen und Gefühlen:

Immer auf das Programm, das dahintersteckt, achten, und die dazu passenden Affirmationen verwenden. Wenn du dein Denken nicht änderst, verstärkst oder verschiebst du nur das Symptom.

Z. B. Depressionen:

Ursache: In der Vergangenheit nicht nein sagen dürfen oder gekonnt haben.
Mangel an Selbstwert- und Selbstliebe.
Befürchtungen, Erwartungen und Ängste.
Ducken und kuschen.

Ich bin jetzt bereit, mich zu verändern.
Ich lasse die Vergangenheit und die alten Begrenzungen los und gestatte mir nun, mich frei und ungehemmt auszudrücken. **(Nein sagen)**
Ich verzeihe mir selbst und jedem, der mir in diesem Leben, was auch immer, angetan hat. **(Vergeben)**
Die Begrenzungen anderer Menschen sind für mich ohne Belang. Der Schöpfer (Gott) macht mich frei von allen meinen Befürchtungen, Einschränkungen und Ängsten. **(Befürchtungen u. Ängste)**
Mein Denken ist in Frieden, ruhig und ausgeglichen.
Kosmische Energie durchströmt meinen Körper, ich bin von Frieden, Harmonie, Ausgeglichenheit, Kraft und Vitalität erfüllt. Die Vorstellung völliger Gesundheit erfüllt jetzt mein Unterbewusstsein und die Vollkommenheit des Schöpfers findet nun Ausdruck durch meinen Körper. Mein Kopf ist frei und klar und mein Herz schlägt ruhig und gleichmäßig. **(Gesundheit)**
Ich liebe und akzeptiere mich, so wie ich bin.
(Selbstliebe)
Ich bin sicher und voller Selbstvertrauen.
(Selbstvertrauen)
Ich bin in Sicherheit und vertraue dem Lauf des Lebens, denn auch ich verdiene und akzeptiere das Allerbeste im Leben. **(Selbstwertgefühl)**
Das Leben unterstützt und liebt mich. Frei und gelöst trete ich anderen Menschen gegenüber. In jeder Lebenssituation ruhe ich voller Vertrauen in mir selbst. Ich bin stark, selbstbewusst und erfolgreich.

Ich schaffe alles, es geht ganz leicht, wie von selbst.

(Selbstbewusstsein)

Niemand kann mich je verletzen. Andere haben keine Macht über mich. Ich bin die Macht in meinem Leben und ich tue mein Bestes. Ich entscheide mich jetzt bewusst für Selbstliebe und Lebensfreude.

(Lebensfreude)

Die Vergangenheit ist vorbei, sie ist eine Illusion.

(Loslassen)

Wir sind (spielen) sehr gerne Opfer. Wenn du ehrlich zu dir selbst bist, wirst du zugeben, dass es stimmt. Der Grund liegt schon in unserer Erziehung. Durch Androhung von Strafen werden uns Grenzen gesetzt.
Wenn du das tust, dann........
Als Kind lernst du Bestrafung zu erwarten, also bekommst du Bestrafung. Später sind es anstelle der Eltern dein Chef, dein Partner oder sonst wer.
Opfer zu sein ist bequem. Du kannst deine Hände in Unschuld waschen, du bist ja so gut, rein und edel, eine zarte verwundbare Seele, die jede Menge Mitgefühl für sich beanspruchen darf. Böse und schlecht sind nur das „Schicksal“ und die anderen.

Du musst aber erkennen, dass du nicht Opfer bist, sondern nur eine Opferrolle spielst.
Du musst dich von dieser Rolle lösen und die volle Verantwortung für alle Situationen übernehmen.

Du musst akzeptieren, dass alle Probleme, Schwierigkeiten, alles Böse und Schlechte in dir selbst und nicht bei den anderen ist. Die anderen sind nur das Werkzeug für dein Denken.
Das zu akzeptieren ist aber nicht bequem und es erfordert Mut. Darum bleiben die meisten Menschen lieber Opfer.

Spiegel - Gesetze

Alles, was mir am anderen gefällt, habe ich auch in mir.

Alles, was mich am anderen stört und ärgert, habe ich unverarbeitet auch in mir selbst.

Ich akzeptiere den anderen, so wie er ist, er darf ganz anders, ganz besonders sein!

Alles, was ich am anderen kritisiere, bemängle ich in Wahrheit an mir selbst, denn die Kritik am anderen offenbart meine eigenen Begrenzungen und Mängel.

Alles, was der andere an mir kritisiert und mir vorwirft, es mich aber nicht berührt, ohne dass ich es verdrängen muss, ist seine Spiegelreflexion. Ich erlebe dadurch seine Andersartig-

keit. Diese Sichterweiterung nehme ich dankbar an.

Berechtigte, schmerzhafte Kritik nehme ich wortlos an. Ich verteidige mich nicht. Ich sehe sie als meine Schattenseite ruhig und klar an. Ich erkenne sie als meine Mangelerscheinung

Ich bemühe mich durch Umdenken die Schattenseite in eine Lichtseite umzuwandeln. Das gelingt durch Liebe ohne Bedingung, ohne Erwartung und ohne Vorleistung durch den anderen.

Alles hat einen Bezug zu meiner Person, alles geht von mir aus. Bei Schwierigkeiten oder Problemen sollte ich mich immer dem Beginn zuwenden, da wo alles entsteht, zu meinem Denken und meinen Programmen.

Denn mit meinem Denken, Sprechen und Handeln gestalte ich mein Leben.

„Mein Wille geschehe“, positiv oder negativ.

Der Wandlungsprozess, wenn negativen Gedanken plötzlich positive Gedanken entgegengesetzt werden, ist für Geist und Körper, wie wenn jemand Wasser in heißes Öl schüttet. Man nennt das auch das Chaos.

Wie bei einer schweren Krankheit, kann vor der Wende zur Besserung eine Krise kommen, die manchmal auch körperlich spürbar sein kann. Die Gewohnheit, das Ego wehrt sich gegen die neue, aufbauende Kraft.
Die alten Muster, Programme, Vorurteile, Schwächen, oder die als Krankheit ins Körperliche übertragenen Programme werden aufgewühlt und lassen sich, da sich das Ego wehrt, nicht so einfach auflösen.
Im Körper finden zu diesem Zeitpunkt durch die Programmänderungen chemische und dann auch körperliche, heilende Veränderungen statt.
Als Vergleich könnte man eine schmutzige Pfanne verwenden. Wenn du im Spülwasser die Pfanne zu schrubben beginnst, entsteht im Wasser ein Chaos.
Am liebsten würdest du alles hinwerfen. Machst du aber weiter, kommt früher oder später die blitzblanke Pfanne zum Vorschein.

Wenn du dich zum Positiven wandelst, ist es ganz wichtig:

Denke nie mehr einen negativen Gedanken zu Ende.

Erkenne **bewusst,** dass diese Art zu denken falsch ist, und ändere dein Denken zum Positiven. Du wirst am Anfang nicht immer positiv denken, aber jetzt immer öfters. Dadurch ändert sich jetzt dein Leben.

Entscheidungen treffen

Wenn du eine Entscheidung triffst, solltest du nie daran denken, du könntest eine objektiv falsche Entscheidung treffen. Sollte sie sich später doch als falsch erweisen, wirst du erkennen, dass du nicht auf dein Höheres Selbst gehört, sondern dein Ego die Entscheidung getroffen hat. Wenn du jetzt wirklich gewissenhaft und ehrlich zu dir selbst bist, findest du auch die Ursache.
Die Ursachen sind meist egoistisches oder materielles Denken oder deine Vorurteile.
Anstatt hin und her zu überlegen, solltest du entgegen deinem logischen Denken eine schöpferische Denkpause einlegen. Jetzt wird dir dein Ego sagen, so geschieht nichts, du wirst aber feststellen, dass genau das Gegenteil richtig ist.
Das erkennst du aber nur, wenn du es selbst **erfährst,** nicht wenn du **denkst oder glaubst,** dass es so sein könnte.
Werde dir zuerst einmal über die Motive deines Handelns klar.

Stell dir die Fragen:
Warum und aus welchem Grund möchte ich die eine Sache oder die andere Sache machen?
Welchen Zweck verfolge ich damit?
Steckt mein Mangeldenken dahinter?
Mache ich es nur für mein Ego?
Geht es nur um mein Prestige?
Macht es mir überhaupt Freude?

Ist es überhaupt notwendig, oder mache ich es nur, weil es die anderen von mir erwarten?
Schade ich jemandem damit?

Stehst du vor einer Entscheidung, dann frag dein Höheres Selbst. Die erste Antwort ist immer richtig.
Wenn dir als Antwort ein „Ja" oder „Nein" genügt, kannst du auch nach „Rücksprache" mit deinem Höheren Selbst eine Münze aufwerfen, nachdem du dir klar bist, welche Seite was bedeuten soll.
Benötigst du eine ausführlichere Antwort, dann nimm irgend ein Buch, frag dein Höheres Selbst um die Antwort, sag dir selbst, ob die linke oder rechte Seite, die wievielte Zeile oder der wievielte Absatz, und dann schlag das Buch auf. Wenn du das wirklich bewusst gemacht hast, steht die Antwort eindeutig dort.
Jetzt kannst du entscheiden, wem du folgst, deinem Höheren Selbst oder deinem Ego.
Hast du eine Entscheidung getroffen, dann übernimm dafür auch die volle Verantwortung. Du kannst im Leben nichts ungeschehen machen, du kannst nur weiter vorwärts gehen, bis zur nächsten Entscheidung.

<u>Eine andere Möglichkeit, dein Höheres Selbst zu fragen, wäre:</u>
Du setzt dich bequem hin, schließt deine Augen und beobachtest ganz entspannt, bis du vollkommen ruhig und gelassen bist, wie dein Atem ein- und ausströmt.
Nun stellst du dir vor, es ist ein heller, freundlicher

Frühlingsmorgen und du stehst in einer Blumenwiese am Rande eines Waldes. Der Himmel ist herrlich blau und die Luft ist klar und rein. Ein paar kleine, weiße Wolken ziehen vorbei. Der sanfte Wind, der über die Wiese streicht, ist voll mit dem Duft der Frühlingsblumen.
Du fühlst dich bereit, du bist jetzt voller Freude und Erwartung.
Du siehst jetzt einen Weg, der in den Wald hinein führt. Auf diesem Weg gehst du nun langsam in den Wald hinein. Der Weg führt nach oben auf einen Berg.
Du gehst immer weiter, bis du auf der Spitze des Berges, auf eine Lichtung kommst. Auf dieser Lichtung steht ein Haus, du gehst jetzt darauf zu. Der Weg zum Haus führt dich durch einen schönen Garten zu einer schönen großen Tür. Du trittst ein und bist in einem Raum, in dem dich ein alter Mann bereits erwartet. Du gehst zu diesem alten Mann hin und setzt dich vor ihm auf einen Stuhl.
Er schaut dich an, und du schaust ihn an.
Fühl die tiefe Verbundenheit mit ihm.
Fühl die Wärme, die Nähe und die Liebe zwischen dir und dem alten Mann. Er ist dein Höheres Selbst.
Nun stell deine Frage.
Bitte nun den alten Mann um ein Zeichen eurer Verbindung. Kommt ein Gefühl der Freude auf, war der Kontakt richtig. Jetzt danke dem alten Mann aus ganzem Herzen für die Antwort. Atme tief durch und komm wieder zurück ins Hier und Jetzt.

Stell maximal zwei Fragen an dein Höheres Selbst und schreib die Antwort am besten sofort ohne nachzudenken auf. Stelle keine komplizierten Fragen und keine Fragen nach konkreten Zukunftsaussichten.
Nicht: „Wann werde ich sterben?“ Deine Emotionen blockieren. Ganz wichtig ist, dass kein Erwartungsdruck damit verbunden ist.

Das Mangeldenken

Wenn dir bewusst ist, dass im Universum unbegrenzte Fülle **jeder Art** vorhanden ist und ein **jeder** Anspruch und Zugriff darauf hat, kannst du niemals mehr in irgend einem Bereich Mangel erleiden.
Alles, was du möchtest oder brauchst, ist **immer** vorhanden. Du musst nur darauf **vertrauen,** es dir wirklich **wünschen** und bereit sein, es auch **anzunehmen** und du bekommst, was du willst.

Durch dein Mangeldenken, das nur eine falsche Lebenseinstellung ist, ein Programm, dessen Ursache, eine negative Erfahrung aus deiner Vergangenheit ist, die du jetzt auf deine Gegenwart und Zukunft überträgst, bekommst du es aber nicht.

Ursachen für deine Finanzprobleme sind Gedanken und Überzeugungen wie:
Alles muss man sich hart erarbeiten.
Ich habe nie genug Geld.

Ich werde nie genug haben.
Ich bekomme immer zu wenig.
Das Leben ist hart und schwer.
Es muss alles hart erarbeitet werden, es wird einem nichts geschenkt.
Leben heißt leiden.
Damit prägst du deinem Unterbewusstsein den Mangel ein und du wirst im Mangel leben.
Ändere deine Gedanken zum Beispiel so:
Ich verdiene es, erfolgreich und glücklich zu sein.
Um so erfolgreicher ich bin, desto mehr habe ich und kann andere daran teilhaben lassen.
Das Universum ist voller Überfluss.
Ich bin reich, glücklich und fühle mich wohl.
Ich habe immer mehr, als ich verbrauchen kann.

Jeder ist von Natur aus auf allen Ebenen glücklich und reich. Wenn es derzeit für dich nicht zutrifft, ändere dein Denken, mach dir bewusst, **dass du immer mehr hast, als du jemals verbrauchen kannst.** Wenn du daran nicht zweifelst, entspricht dem deine Realität. Für viele Menschen sind Hunger und Armut eine Realität, aber niemand braucht diese Realität immer wieder neu zu schaffen und fortzusetzen.

Du hast die negativen Denkmuster über Jahre hinweg aufgebaut und aufrechterhalten. Es braucht jetzt natürlich auch etwas Zeit, diese „guten“ alten Gewohnheiten, die Programme zu ändern.

Wenn du dir etwas wirklich wünscht, oder etwas erreichen möchtest und du auch wirklich bereit bist, es anzunehmen, dann manifestiert es sich in der Regel sehr bald.

Die Schuldgefühle

Die größte Last der Menschheit, die Schuldgefühle, holt sich der Normalbürger in der christlichen Kirche.
Sie redet ihm ein, ein Schuldiger, Gestrauchelter oder Verdammungswürdiger zu sein. So wurden in allen Religionen in den Menschen Schuldgefühle erweckt und sie so abhängig und gefügig gemacht.
Jeder wird als vollkommener Mensch geboren.
Die göttliche Gegenwart **bestraft niemals** und sie **verdammt niemals.**
Der Mensch wird **von** seinen Sünden bestraft und nicht **für** sie.
Du bist es selbst, der sich durch seine negativen Gedanken und ihre Folgen bestraft.
Wer leidet, verdient sein Leiden, und wer Grund hat sich zu freuen, erntet, was er gesät hat.

Schuldgefühle schwächen dich, sie rauben dir wertvolle Energie. Erkenne in Ruhe dein Fehlverhalten, erkenne, wie es richtig sein soll und berichtige.
Denk darüber nach und mach dir klar, wie du dich bis jetzt selbst mit deinen Erwartungen und Befürchtungen bestraft hast.

Dann machst du dir klar, dass die Vergangenheit vorbei ist. Sie ist vorüber, du kannst nichts mehr ungeschehen machen.
Es war für dich und die anderen eine Lebenserfahrung. Begleiche alles, wenn noch etwas zu begleichen ist, und komm mit deinen Mitmenschen ins Reine.
Verzeih dir selbst den Fehler und lass dann den Gedanken für immer los und befürchte nichts mehr.
Tätige Reue ist, dein Bewusstsein zu ändern. Du kannst dich nicht freikaufen.
Ist das unangenehme Gespräch erledigt, ist der Konflikt aufgelöst, steht die vorher negativ gebundene Energie wieder voll zu deiner Verfügung. Du hast dann das Gefühl: Ein Stein ist dir vom Herzen gefallen.

Geistige Spannungen zwischen dir und anderen Menschen sollten am besten in einem mehr oder weniger behutsamen Gespräch aus der Welt geschafft werden. Du wirst aber innerlich nicht frei, solange du nachtragend bist, eine Entschuldigung oder Wiedergutmachung forderst. Nur dein Ego möchte das.

Zum Freiwerden bedarf es also auch der bewussten Vergebung und des Erkennens, dass ein jeder Mitmensch so sein darf, wie er ist.

Loslassen

Loslassen der Vergangenheit ist das Loslassen der alten falschen Muster und Programme. Dann erst bist du frei.

Glaubst du, etwas nicht loslassen zu können, so frag dich:

Warum beschäftigt es mich noch immer?

Jetzt kannst du es aufarbeiten.

Alles, was du loslassen willst, musst du immer **restlos** loslassen. Nach dem Loslassen kannst du an das Losgelassene denken, ohne dass Emotionen hochkommen.

Dann erst ist es wirklich aufgearbeitet.

Materielles loslassen

Materielles oder Besitz loslassen heißt nicht ihn weggeben oder herschenken, sondern es einfach nicht mehr für sein Ego zu brauchen, frei zu sein. Trotzdem kannst du dich weiter daran erfreuen.

Schenkst du es her und erzählst oder zeigst dann jedem ein Bild davon, hast du nicht wirklich losgelassen.

Menschen, die am Materiellen hängen, also nicht loslassen, haben meist einen schweren Tod.

Die Erwartungen

Sie sind Ansprüche, die **du** an das Leben stellst.

Du erwartest, dass etwas **so** ist. Alles ist aber so, wie **es** ist.

Jede Erwartung wird früher oder später enttäuscht.

Du sollst nicht erwarten, dass die Kinder, dein Partner oder die Mitmenschen sich so verhalten, wie du es dir wünscht. Es soll für die Kinder oder die anderen gut und richtig sein.

Wenn du deine Erwartungen loslässt, kann dich niemand und nichts mehr enttäuschen. Es kann dich auch niemand mehr beleidigen.

Immer wieder erzählen mir Leute, sie können nicht mehr glücklich oder fröhlich sein, weil ihnen dies oder jenes angetan wurde, oder weil sie in der Vergangenheit selbst etwas nicht oder etwas Falsches getan haben. Sie können das nicht vergessen oder irgend jemandem etwas nicht verzeihen.

Wenn dir in der Vergangenheit jemand etwas angetan hat, ist es doch dumm von dir, wenn du dich jetzt durch deine negativen Gedanken selbst bestrafst.

Es ist lebenswichtig, dass du dich von diesen dummen, veralteten, negativen Gedanken und Überzeugungen löst, die dich nur Energie kosten und dich krank machen.

Du musst dich von der Vergangenheit lösen und allen, denen du etwas zu vergeben hast, vergeben, und du wirst frei.

Vergeben heißt loslassen. Wenn du bereit bist zu vergeben, hast du vergeben.

Denk überzeugt daran:

Ich vergebe dir jetzt und gebe dich frei.

Jeder hat das Recht, so zu sein, wie er ist. Auch du.

Meistens willst du andere Personen in deine Norm

zwingen. Du solltest dich aber selbst fragen.
Ist meine Norm überhaupt noch richtig und aktuell?
Jede Norm überholt sich früher oder später.
Du musst die Vergangenheit loslassen und dir und den anderen vergeben. Die Vergangenheit ist vorbei und es ist nichts mehr zu ändern. Du kannst nichts mehr rückgängig machen. Lässt du nicht los, werden dich Gefühle wie: Selbstmitleid, Verletztsein, Angst, Schuld, Vorwürfe, Ärger und Rachegefühle selbst körperlich bestrafen.
Solche Gefühle sind immer selbstzerstörerisch.

Geschieht etwas, was du erwartest, nicht, wirst du wütend.

Zorn und Ärger sind aber nur ein Zeichen von einem fehlenden Eingeständnis, dass du selbst eine schlechte Situation verursacht hast, oder etwas hat deiner Vorstellung nicht entsprochen.
Zorn entsteht, wenn du das Gefühl hast, dass du nicht all das ausdrücken und ausleben kannst, wer und was du wirklich bist. Denk nur an den Jähzorn und die Wut, wie sie die Kinder oft zeigen.
Manche Menschen verschwenden einen Teil ihrer Zeit mit ärgern. Warum ärgern sie sich?
Je mehr du dich ärgerst, desto häufiger beschwörst du Situationen des Ärgers herauf.
Nicht ein anderer ärgert dich, sondern du ärgerst dich. (Wie sinnlos!)

Ärger verändert nichts, außer deine Gesundheit. Wenn du das begreifst, kannst du dich doch niemals mehr ärgern.
Wenn du dich über einen Mann ärgerst, dann halte deinen rechten Mittelfinger fest, der Ärger löst sich auf. Bei Ärger mit einer Frau hältst du den linken Mittelfinger fest.

Mit **Neid** wird immer ein anderer gestärkt, du selbst aber erniedrigst dich.

Und **Eifersucht** ist das Eingeständnis von deinem fehlenden Selbstvertrauen und deinen unsicheren Gefühlen deinem Partner gegenüber. Verstärke dein Selbstvertrauen und du hast auch mehr Selbstbewusstsein.

Mitmenschen

Triffst du auf jemanden, ist das wie jede Begegnung kein Zufall. Im anderen spiegelt sich deine Seele. Was du an ihm bewunderst, sind die Eigenschaften, die du gerne bei dir selbst verstärkt vorfinden möchtest. Die Wesenszüge und die Verhaltensweisen, die dich am anderen stören, sind die selben, an denen du bei dir selbst noch arbeiten musst. Denk an die Spiegelgesetze.

Wenn du deinen Kollegen, Familienangehörigen oder anderen Mitmenschen mit Liebe und Harmonie begeg-

nest, kommt das Positive als Spiegelbild zu dir zurück. Gehst du aber nicht harmonisch, sondern negativ eingestellt, vielleicht sogar aggressiv auf deine Mitmenschen zu, kommt es ebenso zu dir zurück.
Wie du in den Wald hinein rufst, so schallt es zu dir zurück.
Deine Einstellung und deine Meinung von deinen Mitmenschen, die nur das Werkzeug für deine Gedanken sind, präsentieren sich dann in deinem Gegenüber. Ändere deine negativen Meinungen und sei überzeugt, dass du nur mit positiven Menschen zusammentriffst, und es wird geschehen.

Alles, was dir widerfährt, ist gut, auch das Negative.
Gerade das Negative bringt dich, wenn du es erkennst und aufarbeitest, weiter. Die Zeit, die zwischen der Entstehung und der Lösung eines Problems vergeht, dient immer der Reifung. Manchmal ist der Tod schneller. Denn die meisten Menschen sterben, bevor sie wissen, wie sie eigentlich leben sollten.
Der bessere Weg ist die Erkenntnis, der gewöhnliche Weg ist das Leid. Du alleine entscheidest, welchen du gehst.

Wir westlichen Menschen führen, vom Ego geleitet, anstatt eines inneren geistigen ein äußerliches, oberflächliches, materielles Leben. Wir horten und umgeben uns mit toten Gegenständen anstatt mit geistigen und vergöttern einen Gott außerhalb des Menschen.

Die Menschen des Ostens gingen in die Richtung der Selbstversenkung, einer Erleuchtungserfahrung.

In der Zukunft wird sich der Lebensstil der Menschen verändern. Der Konsum und das ganze Denken werden sich ändern, da niemand mehr etwas aus Habgier-, Egoismus-, Sicherheits- oder Kontrollgründen besitzen muss. Alles, was wir für unsere Bedürfnisse brauchen, wird für jeden vorhanden sein.
Materielles Besitztum wird durch Geistiges ersetzt werden.

Selbsterkennen - Selbstbewusstsein

Viele von uns, vor allem Frauen, haben oft von Kindheit an aus verschiedenen Gründen das Gefühl, einer Sache nicht wert oder würdig zu sein. Sie glauben kein wertvoller, guter, liebenswerter Mensch zu sein.
Wenn du der Meinung bist, dass du hässlich, dick, dünn, zu groß oder zu klein, nicht intelligent genug oder nicht liebenswert bist, sind deine Selbstliebe und dein Selbstwertgefühl nicht groß genug, um das Beste, auf das du wie jeder andere Anspruch hast, zu erhalten.

Durch Sich - Anerkennen, so wie man ist, und Sich-so-Akzeptieren, wie man ist, sowie durch Selbstliebe, baut man in sich ein Gefühl von Selbstsicherheit und Selbstvertrauen auf.
Hab dich einfach selbst gern, sei freundlich zu dir

selbst, sag dir selbst positive, anerkennende und liebevolle Worte. Stell dich vor den Spiegel und sag zu deinem Spiegelbild; „Ich liebe dich“, „ Ich verdiene das Allerbeste im Leben“, „Ich bin begabt, intelligent und schöpferisch“, „Ich bin schön und liebenswert“, „Ich liebe mich und nehme mich hundertprozentig so an, wie ich bin“ oder „Mir fällt es leicht, ungehemmt und voll aus mir herauszugehen“.
Denk an deine vielen positiven Eigenschaften, die andere an dir lieben, und belohne dich immer wieder selbst.

Du selbst kannst dein Leben bereichern und dich selbst beschenken. Ein jeder kann aber nur so schöpferisch und so glücklich sein, wie er es sich selbst mit seinem Maß an Selbstliebe und Selbstwertgefühl erlaubt.
Jeder Tag ist ein neuer Tag und mit jedem neuen Augenblick hast du die Gelegenheit, dich selbst als den wunderbaren, liebevollen und liebenswerten Menschen zu erleben, der du in Wirklichkeit bist.

Liebe
ist der Zustand, wenn du in Gegenwart von jemand oder etwas anderem glücklich bist.
Liebe ist in dir, sie ist keine Laune von außerhalb, **deshalb hat es auch keinen Sinn, sie außerhalb zu suchen.**
Wenn du ein negatives Gefühl in Liebe bettest oder einhüllst, wird es dich nicht mehr stören.

Besser und von Dauer ist es, wenn du das negative Gefühl auflöst.

Ein Problem oder Gefühl in Liebe betten.

Atme bewusst langsam 2 - 3 mal langsam tief ein und aus. Schließ deine Augen und denk an das, was du hasst oder womit du zu kämpfen hast.
Konzentriere dich ganz bewusst darauf.
Jetzt denkst du an jemanden oder etwas, das du wirklich liebst, egal ob an eine Person, ein Tier oder eine Tätigkeit z. B. Radfahren oder einen Urlaub.
Wichtig ist nur, dass du wirklich dafür oder dabei Liebe empfindest. Und jetzt lass diese Liebe, dieses herrliche Gefühl in das, was du hasst oder wogegen du kämpfst, einströmen.
(Wenn du dir jetzt denkst, das mag oder will ich nicht, dann lieb dich dafür, dass du es hasst).
Und jetzt lieb es, heiß es herzlich willkommen und nimm es liebevoll an. Sei dir aber auch bewusst, dass du - also dein Denken - die Ursache und die Quelle des Problems bist.

Die Sorgen

80% der Sorgen, die du dir machst, treffen nie ein.
Du kannst nur vorsorgen, das heißt, das Notwendige zur rechten Zeit tun.

Deine Sorgen um das Ozonloch oder um das Abholzen der Tropenwälder helfen nicht. Über die geballte negative Energie im kollektiven Unterbewusstsein verschlimmerst du es nur mit. Du kannst nur im eigenen Bereich beitragen, nämlich **vorsorgen.**

Die Angst

Angst ist genau das Gleiche wie Zweifel, eine Illusion. Angst, in die du dich hineinsteigerst, hat nur Macht über dich, weil **du** ihr die Macht dazu gibst. Hast du vor jemandem oder etwas Angst, ziehst du magisch die Situation an, die du befürchtest.

Angstvorstellungen und negative Gedanken kommen dann auf, wenn du den Halt und das Vertrauen in dich selbst verloren hast. Wenn du dich unablässig mit deiner Angst und damit den negativen Gedanken und falschen Programmen beschäftigst, setzt du mit der Zeit, die nur von der Intensität deiner Gefühle abhängig ist, die phantasievoll ausgemalten negativen Folgen direkt in deinem Umfeld und in deinem Leben um.

Wenn du im Hier und Jetzt lebst, brauchst du vor nichts und niemandem Angst zu haben.

Wird der Körper in Angst und Schrecken versetzt, reagiert der Mensch mit Kampf oder Fluchtimpulsen, Adrenalin wird freigesetzt und manche Menschen sind regelrecht süchtig nach diesem Zustand. Dieser Zustand ist für den Körper fast wie eine orgastische Erfahrung (z. B. Extremsport).

Kinder erzählen sich Schauergeschichten, übernachten im Freien, oder sie sehen sich Horrorfilme an.
Sie lieben es, Angst zu haben, denn kleine elektrische Angstwellen stimulieren ihren Körper.
Fernsehberichte über Gewalt, Horrorfilme und Videos übernehmen beim Erwachsenen dieselbe Funktion.
Dies ist auch der Grund, warum wir uns auf der menschlichen Ebene die Partner aussuchen, die uns am meisten verletzen werden.

<u>Angst ist eine Lüge deines Ego. Es redet dir ein:</u>

> Der andere ist in irgendeiner Art und Weise gefährlich für mich.
> Ich habe Grund, vor etwas oder jemandem Angst zu haben.

Durch das Ego kommst du zu Zweifel, Angst, Furcht und Unsicherheit. Durch diese negativen Energien kommt es bei dir zu einem Energieabfall, dadurch schwächst du dein Immunsystem, du kränkst dich und wirst krank.

Früher oder später sorgen die Herausforderungen des Erdenlebens von selbst für den Zusammenbruch der alten Normen und Programme und dann kommt die Angst vor dem Neuen zum Vorschein. Das Ego will das alte Energiefeld nicht durch ein neues ersetzen lassen.
Angst entsteht, wie schon erwähnt, wenn du Programme, also Erlebtes oder Übermitteltes von der

Vergangenheit auf die Zukunft überträgst und Verknüpfungen herstellst.

Kommt Angst auf dich zu, dann atme einige Male tief aus. Du fühlst dich dann gleich besser.

Du kannst dir auch die Gründe für deine Angst aufschreiben und den Zettel dann wegschicken oder aufheizen.

Es kann dir nie etwas Schlechteres zustoßen, als **du** zu denken fähig bist.
Du hast auch keine Angst, wenn du dir sicher bist, dass **du** niemandem etwas Schlechtes antun kannst.
Er ist ein geistiges Wesen und du bist ein geistiges Wesen. Geist fügt Geist nichts Schlechtes zu. Mit dieser Überzeugung kann dir kein Mensch, Tier oder sonst etwas irgendetwas antun. Probier es ruhig aus.

Wenn du z. B. Angst vor dem Feuer hast, aber keinen Gitterbettbrand und keine abgebrannte Wohnung erlebt hast, kann es sein, dass du in einem deiner vergangenen Leben verbrannt bist oder verbrannt worden bist. Die Ursache erfährst du von deinem Höheren Selbst oder durch eine Rückführung.
Ich bin jetzt bereit mich zu verändern. Angst, du bist nichts Wirkliches, du bist eine Illusion. Eine Illusion kommt aus dem Nichts, darum geh jetzt wieder zurück ins Nichts.

Die Depressionen

Depressionen sind nicht abgebaute Aggressionen. Wenn sie nicht aufgelöst werden, führen sie nicht selten bis zum Selbstmord.
Meist musste man als Kind, im Beruf oder in einer Partnerschaft **„ja“** sagen, wenn man **„nein“** sagen wollte. So entstanden Frustrationen, die sich in nicht abgebaute Aggressionen verwandelten und sich dann, in gegen dich selbst gewandte Aggressionen, nämlich Depressionen, wandelten.
Der erste Schritt zur Besserung ist immer das Akzeptieren, dass man Aggressionen **hat** und **nicht Opfer** ist.
Viele Depressive lieben aber ihre Opferrolle und wollen sie gar nicht aufgeben. Sie gehen lieber den Weg der Erfahrung, also des Leidens.
Mit körperlicher Betätigung, z. B. Sport, wird die aggressive Energie verbraucht. Der nächste Schritt ist, lerne **nein** zu sagen und baue dein Selbstbewusstsein auf. Verweigere deine eigene Persönlichkeit nicht mehr. Stell dich vor den Spiegel und sag: **„Ich bin“**.

Auch Stress kann oft zu einer emotionalen Depression führen, welche dann meist zu einer körperlichen Depression wird. Dadurch schwächst du dein Immunsystem.

Auch das Nicht - Akzeptieren, dass die Lebenshälfte der Kraft und Machtentfaltung in den Wechseljahren zu

Ende geht, dass die äußere Entwicklung zu Gunsten der inneren geistigen Entwicklung vergeht, kann die Ursache für eine Depression sein.
Aber alles ist gut, so wie es ist. Du kannst es ja doch nicht ändern. Sag dir lieber:
„Ich liebe mich und nehme mich so an, wie ich bin".

Der Tod

Kaum jemand trauert um das Ende einer Schwangerschaft. Die meisten freuen sich auf die Geburt.
Denn jedes Ende ist immer der erste Schritt zu einem neuen Anfang.

Der Tod ist nichts anderes als ein Schritt in eine neue Dimension. Er ist kein Ende, sondern ein neuer Anfang. Er hat eine größere Qualität als die Geburt, denn er ist ein Übergang in eine höhere Lebensform.

Die Energie deiner körperlichen Hülle bleibt für ein neues geistiges Leben zurück. Deine Angst vor dem Tod ist immer ein Signal für deine Angst vor dem Leben, z. B. wenn du stark materialistisch oder körperlich eingestellt bist.

Je größer aber dein spirituelles Bewusstsein ist, umso klarer erkennst du, dass du **nicht Körper, sondern ein geistiges Wesen bist.** Geist hat aber keinen Anfang und kein Ende, er wandelt sich nur. Er materialisiert sich.

Energie verschwindet nicht, sie nimmt nur eine andere Form an.
Schmerz über den Tod eines anderen Menschen ist vor allem Selbstmitleid und Egoismus. Du fühlst dich im Stich gelassen und allein. (Warum hast du mich verlassen?)
Das ganze Leben ist Abschied. Nur der Abschied, das Loslassen schafft den Raum für neue Begegnungen und Erkenntnisse.

Der Tod ist wie ein Bad im Vergessen.
Er ist der Jungbrunnen, wo auf der einen Seite das Alter hinein springt und auf der anderen Seite die Jugend heraus steigt.

Den Tod kann man auch mit dem Ende eines Theaterstückes vergleichen. Der Vorhang fällt, du gehst in die Garderobe, schminkst dich ab und steigst aus deinem Kostüm.
Die Rolle, die du gespielt hast, ist vorbei, sie ist beendet. Es klopft, du gehst zur Tür, öffnest sie und vor dir steht dein Regisseur und gibt dir ein neues Kostüm und ein neues Stück, das sicher noch interessanter wird als alle vorherigen.

13 Punkte für ein schöneres und besseres Leben

1. **Liebe dich selbst und akzeptiere deine „Schwächen“ und “Fehler“. Ändere deine negativen Programme.**

2. **Du sollst immer das Mögliche sehen.** (10.000 auf 100.000 nicht auf 10.000.000)

3 **Entscheide dich endgültig für etwas und bleib dabei.**

4. **Fang immer sofort mit deiner geistigen Arbeit an.**

5. **Erledige immer alles bis zum Ende. (Abschließen)**

6. **Hab Geduld. Hab für alles und jeden Zeit, die Zeit ist eine Illusion.**

7. **Genieß deinen Wunsch, freue dich, denn dein Gefühl ist die Schubkraft zur Verwirklichung.**

8. **Belohne dich immer wieder selbst.**

9. **Hab vor nichts und niemandem Angst. Du lebst in der Gegenwart.**

10. **Wandle deine Aggressionen in Einsicht, Liebe und Harmonie um.**

11. **Anstatt dich krank zu jammern, solltest du dich gesund - denken.**

12. **Öffne dich für ein geistiges Leben.**

13. **Fürchte den Tod nicht, er ist ja nur der Übergang in eine neue Dimension.**

Denken ist das Bewegen geistiger Energie. Beharrlich bewegte Energie verwirklicht sich früher oder später materiell.

Wir alle sind hier, um zu lernen und zu wachsen. Das ist an kein Alter gebunden. Es spielt keine Rolle, wie lange du ein Programm schon in dir hast, wenn du **jetzt** bereit bist, es zu ändern.
Ändere deine Gedanken **jetzt** von negativ auf positiv.

Sag dir am Anfang täglich:
Ich will mich ändern.
Ich bin es wert, das Allerbeste im Leben zu haben.
Ich bin von Liebe und Harmonie erfüllt.
Das Leben ist herrlich.

Damit ändern sich deine alten Überzeugungen. Wir haben unser ganzes Leben lang mit Gedanken und Überzeugungen zu tun. Gedanken und Überzeugungen kann man aber sofort, zu jedem Zeitpunkt, **jetzt** in diesem Moment ändern. Du musst es nur tun.

Wir leben **jetzt** und jeder kann **jetzt** so angenehm leben, wie er möchte.

Die Welt verändert sich, wenn du dich veränderst. Die Welt wird weicher und angenehmer, wenn du weicher und angenehmer wirst.
Die Welt liebt dich, wenn du dich dazu entscheidest, die Welt zu lieben.

Geistiges Entwickeln ist wie eine Mullbinde, auf der das Wissen (die Erkenntnis) steht. Nur durch Entwickeln kommst du weiter.

Partnersuche

Für jede Person, die jemanden sucht, gibt es mehrere Menschen irgendwo auf der Welt, die sie suchen.
Es gibt in der geistigen Welt keinen Impuls, der ins Leere geht, denn alles steht miteinander in Verbindung.
Wenn du dir anscheinend vergebens einen Partner wünscht, hast du Minderwertigkeitsgefühle.
Du glaubst, du bist nicht hübsch, jung, intelligent oder reich genug. Also musst du dir erst einmal klar darüber werden, **wer du bist, du glaubst nur zu wissen, wer du nicht bist.**

Frag deine Freunde oder Bekannten, was sie an dir gut oder bewundernswert finden.
Da können Eigenschaften an den Tag kommen, die du

selbst nicht beachtet oder die du als selbstverständlich gehalten hast. Jetzt kannst du dein Selbstwertgefühl und damit dein Selbstbewusstsein neu aufbauen und verstärken.

Wünsche dir jetzt einen Menschen, der seelisch mit dir harmoniert, und du wirst einen bekommen.

Falsch ist es, wenn du dich auf einen bestimmten Menschen, denn du unbedingt haben willst, der aber meist verheiratet oder nicht an dir interessiert ist, fixierst.

Stell dir deinen neuen Partner/in mit den von dir gewünschten Eigenschaften und Vorzügen bildlich vor. Und dank dem Schöpfer für deinen perfekten, liebevollen, harmonischen und positiven Partner.

Mit Überzeugung und sehr viel Gefühl, konsequent täglich in der Alphaphase gemacht, ist dir der Erfolg nach einigen Wochen sicher.

Nur keine krampfhafte Erwartungshaltung.

Partnerschaftsprobleme - Negative Beziehungen

Du bist wie alle Menschen ein geistiges Wesen. Jede Begegnung mit anderen Menschen ist oder sollte immer eine Erfahrung für dich sein. Wenn du jemanden mit Groll im Herzen verlässt, wirst du diese Erfahrung immer wieder machen, bis du etwas daraus gelernt hast und so dein Bewusstsein erhöht hast. Wenn du über deinen „Feind“, sei es der Partner oder eine andere Person, von der du dich enttäuscht oder ungerecht behandelt

fühlst und die du deshalb gefühlsmäßig ablehnst oder hasst, „gut denkst“, sie also in deiner Vorstellung angenehm und harmonisch siehst, baust du automatisch Hass, Verbitterung und andere schädliche Emotionen langsam bei dir selbst ab. Du selbst wirst harmonischer und toleranter. Das wirkt sich wiederum vorteilhaft auf deine eigene psychische und physische Gesundheit aus. Du kannst diese Person auch wie alles andere, wie bereits beschrieben, in Liebe betten.
Mit der Zeit lockert sich das festgefahrene Kommunikationsmuster von euch beiden. Blockiert der andere, bleibt dir zumindest die psychische und physische Gesundheit und ermöglicht dir, wenn notwendig, eine Trennung ohne oder mit weniger negativen Folgen, wie den Schuldgefühlen, Verbitterung und der Verzweiflung. Du hast mehr getan, als Otto Normalbürger es gekonnt hätte. Das erleichtert dir jetzt sicher auch die Einsicht, welchen Anteil du am Glücken und Scheitern dieser Beziehung hast. So wirst du in einer anderen oder weiteren Beziehung wahrscheinlich nicht mehr die gleichen Fehler machen.

Du suchst und findest meist in deinem Partner/in das, was du nicht selbst auslebst, z. B. der Pedant den Schlampigen. Es ist deine Schattenseite.
Die meisten Partnerschaftsprobleme haben ihren Ursprung schon in der Kindheit. Desto größer die Kluft zwischen zwei Menschen ist, umso mehr Aufgaben hast du zu lösen, dafür kommst du geistig weiter.

Glaubst du, dass es so wirklich nicht weitergeht, dann lieber ein Ende mit Schrecken, als ein Schrecken ohne Ende.

Ich gebe dich in Liebe frei, du bist frei und ich bin frei.

Eine Trennung, bei der du dem andern bewusst Schmerzen zufügst, ist eine Karmaschuld, die du später einmal abtragen musst. Wird dir weh getan, ist es die Einlösung einer alten Karmaschuld.

Bei der **Auflösung einer Beziehung** ist noch zu beachten, dass du durch zurückgelassene Gegenstände, wie Bilder, Möbel, Briefe, noch immer auf dem Energiefeld mit dem anderen verbunden bist. Du sollst diese Gegenstände nicht verbrennen oder bösartig zerstören, wenn du auf den anderen noch böse bist. Denn, wenn der andere dir gegenüber noch offen ist, dann könnte sich diese Verbrennung oder Vernichtung dieser Gegenstände direkt negativ auf den Gesundheitszustand des anderen auswirken.
Du handelst dir dadurch eine Karmaschuld ein.
Es ist wichtig, auf sorgsame Art und Weise, ohne die physische Form jener Person zu beeinflussen, diese Gegenstände, welche die emotionale astrale Energie des anderen tragen, loszuwerden.
Am besten geschieht das, wenn du diese Gegenstände zurück gibst oder tauscht. Auf diese Weise schützt du

dich vor unbewussten psychischen, emotionalen Einflüssen unerledigter Probleme und komplizierter Energieketten.
Es ist auch sehr wichtig, sich darüber klar zu sein, ob man sich von einer Person wirklich lösen will oder nicht, und es dann auch wirklich und ganz zu tun.
Dann musst du den anderen wirklich loslassen, ihm verzeihen und akzeptieren, dass er so wie du das Recht dazu hat, so zu sein, wie er ist.
Manchmal musst du dich unter Schmerzen von einem Menschen trennen, um frei für einen anderen, besser zu dir passenden zu sein.

Hass

Aggressionen entstehen aus nicht ausgelebten, nicht abgebauten Gefühlen, aus aufgestauten Frustrationen. Daraus entstehen dann die manchmal unverständlichen Gewalttaten.
Du solltest niemals an das Objekt deines Hasses die Verantwortung für dieses Gefühl abgeben. Es verstärkt den Hass. Hass ist immer selbstzerstörerisch. Er zerstört nicht denjenigen, auf den er gerichtet ist, sondern immer denjenigen, der hasst.
Die Energie des Hasses verstärkt sich unterwegs, wird reflektiert, verstärkt sich unterwegs wieder und kommt um ein Vielfaches verstärkt wieder zu dir zurück. Wer Wind sät, wird Sturm ernten.
Das Einzige, das Hass ändert, ist deine Gesundheit.

Arbeit und Beruf

Wenn du dir zwei Wochen lang überzeugt einredest, du kannst keine Schuhbänder mehr zumachen, wird es so sein.

Zu Berufsproblemen bringen dich Gedanken und Überzeugungen wie:

Ich bin nicht gut genug.

Ich kann zu wenig.

Die anderen sind besser als ich, usw.

Hast du das Programm Arbeitslosigkeit in dir, dann wirst du, wenn es um Entlassungen geht, befürchten, dass es dich erwischt.

Wenn 20% der Arbeitnehmer gekündigt werden sollen, machen sich 90% der Arbeitnehmer Sorgen.

Wenn du es nur intensiv genug befürchtest, wird es sich für dich auch bewahrheiten.

Du bekommst Existenzangst, womöglich schämst du dich noch vor deinen Mitmenschen und siehst die Lage als aussichtslos an, dann bist du auf dem besten Weg, deine Gesundheit zu ruinieren.

Es beginnt wahrscheinlich mit Sodbrennen oder Gastritis und später wird ein ärgeres Magenproblem daraus, denn dein Unterbewusstsein arbeitet „für“ dich. Arbeitslosigkeit kann in Wirklichkeit ein Sprungbrett in eine bessere Zukunft sein. Du hast jetzt Zeit, über deinen Beruf und deine Zukunft nachzudenken.

Du kannst dich endlich oder gezwungenermaßen verändern. **Nur Mut.**

Erstelle eine Liste der Berufe, die dir zusagen. Dann prüfe, welche Neigungen und Fähigkeiten du wirklich hast. Was musst du dir noch aneignen? Wo bekommst du die richtigen Kenntnisse her? Willst du es wirklich? Ist es überhaupt realistisch?

Körperlich musst du dir jetzt die notwendigen Fähigkeiten aneignen, alles derzeit Mögliche tun, wie Stellenanzeigen lesen und dich umhören.

Geistig musst du dir dein Vorstellungsbild schaffen, dich glücklich im neuen Beruf sehen, inklusive dem passenden Gehalt, dem idealen Arbeitsklima und Arbeitsort, fest daran glauben, davon überzeugt sein und dich über deinen neuen Job freuen.

Stress

Stress gibt es nicht wirklich, Stress, also Überforderung redet man sich nur ein. Nach einiger Zeit reagiert der Körper mit Herzinfarkt, Schlaganfall oder Hörsturz.

Bis zu einem gewissen Maß ist Stress sogar gesund und wichtig, z. B. für Sportler und Schauspieler.

Gestresste Menschen sind wegen ihrer Unruhe und des Druckes, den sie nach außen hin verbreiten, meist unbeliebt. Sie gehen sich meist selbst aus dem Weg und decken sich mit Arbeit ein. Ihr Ego hindert sie so daran, an oder für sich zu arbeiten. Auf der menschlichen Ebene wollen sie den Mitarbeitern beweisen, dass es ohne sie nicht geht und wie wichtig sie sind.

Nach einem Infarkt geht es auch ohne sie weiter.
Willst du vom Stress, dem Manipulieren von Menschen und Dingen wegkommen, musst du zuerst lernen, loszulassen. Entspann dich, hör auf zu kämpfen, hör auf dich anzustrengen. Hör einfach auf, soviel zu tun, und erleb für eine Weile, wie schön es ist, einfach da zu sein. So entdeckst du plötzlich, dass die Welt total in Ordnung ist, du fühlst, wie schön es ist, wenn du dich und die Welt so sein lässt, wie sie ist, ohne zu versuchen, die Dinge zu verändern.
Du erkennst, dass das Leben im Grunde gut und reich ist und du ohne Kampf und Anstrengung alles, was du wirklich möchtest, auch wirklich bekommst.
Wenn du diese Erfahrung immer öfter machst, öffnet sich dir der Zugang zu deinem Höheren Selbst immer mehr und es wird dich eine Menge natürlicher kreativer Energie durchströmen. Ohne unter Druck zu sein, wirst du wenn nötig mehr und kreativer arbeiten.

Am besten ist es immer, die Aufgaben nach Dringlichkeit aufzulisten. Ist es so nicht zu schaffen, wäre es anders auch nicht zu schaffen gewesen.
Immer eines nach dem andern.

Eine Möglichkeit für eine körperliche und geistig- seelische Entspannungsübung - Entstressen.
Du setzt oder legst dich bequem hin, schließt deine Augen und konzentrierst dich auf deinen Atem.
Du beobachtest ganz konzentriert den Fluss deines

Atems. Du sagst jetzt beim Einatmen innerlich ausgedehnt **zählen.** Und beim Ausatmen sagst du innerlich ausgedehnt **eins** usw.

Du kannst auch beim Einatmen innerlich **Hong** und beim Ausatmen **Soh** sagen.

Die beiden Laute Hong und Soh dienen deinem Denken als Fixpunkt und störende Gedanken können so nicht aufkommen. Dieses Mantra bewirkt durch die Wiederholung eine Art innere Erleuchtung und kann dir so auch zur Persönlichkeitsentwicklung dienen.

Du kannst auch die Zahlen **one** und **two** verwenden, wenn du das lieber hast.

Das machst du jetzt einige Minuten lang, bis du spürst, dass du ruhig und entspannt bist.

Jetzt stellst du dir vor, du liegst in einer Badewanne, im warmen angenehmen Wasser. Dein Körper spürt das warme Wasser und seine Bewegung jetzt ganz intensiv.

Nun stellst du dir beim Einatmen vor, daß diese angenehme Wärme jetzt in deinen Brustraum fließt und beim Ausatmen fließt diese angenehme Wärme tief in deinen Bauch, bis zum Beckenboden hinunter. Bei jedem Atemzug fließt diese angenehme Wärme in den Brustraum und beim Ausatmen fließt sie weiter bis zum Beckenboden. Jetzt verlangsamst du deinen Atemrhythmus immer mehr, bis alles ganz ruhig strömt. Genieß es.

Diese Übung zum Entstressen kannst du jederzeit und so lange wie du willst, machen.

Das Karma

Die Karmalehre entstand zirka 600 Jahre vor Christi.

Das Karma erklärt die Vererbung aus einer früheren Existenz.

Karma ist die Nemesis der Griechen, oder die ausgleichende göttliche Gerechtigkeit in der christlichen Mystik. Karma ist das Wirken des Kausalitätsprinzips, das Gesetz von Ursache und Wirkung, und reicht über Geburt, Leben, Tod und Wiedergeburt hinweg, von der weitesten Vergangenheit bis in die Zukunft, die Vollkommenheit.

Karma ist das Gesetz der ausgleichenden Gerechtigkeit, das fortwährend bestrebt ist, in allen Dingen und Zuständen immer wieder das Gleichgewicht, also die Harmonie, in der Welt des Stoffes sowie in der Welt des Geistes herzustellen.

Das Karma belohnt nicht und straft nicht, es stellt lediglich die verlorene Ordnung wieder her.

Wer leidet, verdient sein Leiden, und wer glücklich ist, erntet, was er gesät hat. Keiner von uns wird mit mehr beladen, als er ertragen kann.

Eine Scheidung in diesem Leben, wenn dir dabei weh getan wird, kann eine Karmasühne für ein voriges Leben sein.

Wenn du heute jemandem eine Ohrfeige gibst, ist das eine Karmaschuld für ein nächstes Leben. Außer du arbeitest es in diesem Leben wieder auf.

Die Beseitigung von negativem Karma gelingt nur, wenn du deine Geisteshaltung bewusst konsequent

änderst. Werden die Ursachen nicht beseitigt oder auf harmonisch umgewandelt, sondern bewusst beibehalten, wirst du, von der von dir selbst ins Leben gerufenen Reaktion früher oder später zerstört.
Das Karma kann gegenwärtig in diesem Leben durch die entsprechenden Instrumente z. B. Verwachsungen angeborene Krankheiten, Psychosen, Ängste, Zwänge, u. a. wirken. Oder es ist das, was aufbewahrt wird, um in einem deiner nächsten Leben zu wirken.
Durch ein Gespräch mit deinem Höheren Selbst oder durch eine Rückführung kannst du die Ursache erkennen und aufarbeiten.

Die Völker des Ostens sind bestrebt, sich von der Kette der Wiedergeburt zu befreien, die ihnen von ihrem Karma auferlegt wurde.
Im Westen ist man bemüht, sein Karma zu verbessern, um nach der Wiedergeburt ein reicheres, schöneres und erfüllteres Leben zu erhalten.
Der Mensch wird auch in jenem astrologischen Augenblick geboren, der seinem bisherigen Karma entspricht. Alle zum gleichen Zeitpunkt Geborenen besitzen das gleiche Karma.

Eine Person, die sich der Sinnlichkeit, Trunksucht oder ähnlichen Lastern auf Kosten anderer hingibt, anderen Menschen damit bewusst weh tut, kann in einem anderen Leben als Kretin oder als Geisteskranker sein Karma zum Ausdruck bringen.

Im Neuen Testament steht:
Mit welchem Maß ihr messet, wird euch gemessen werden.
Wer das Schwert nimmt, wird durch das Schwert umkommen.
Gottes Mühlen mahlen langsam, aber sicher.
Im Vaterunsergebet bitten wir, uns im gleichen Maße zu vergeben, wie wir das anderen gegenüber tun.

Rückführung - Reinkarnation

Re in carne - ist lateinisch und bedeutet zurück ins Fleisch.
Haben wir ein Leben in einer an die Materie fixierten Illusionsebene abgeschlossen, begeben wir uns auf eine höherschwingende zwischenzeitliche Illusionsebene - das sogenannte Jenseits, die geistige Welt.
Der Normalzustand in jedem Leben ist der, sich an die vorherigen Leben nicht mehr erinnern zu können.
(z. B. als Bauer in Ägypten, oder als Prinzessin in Persien)
Könnten wir uns an die Erfahrungen der vorherigen Leben noch erinnern, wären wir kaum fähig, die Last der Erinnerungen zu tragen und uns auch noch im gegenwärtigen Leben weiterzuentwickeln.
Geistiges Wachstum wäre also unmöglich. Wir sind oft schon froh, uns in diesem Leben nicht an alles erinnern zu müssen. (Trauma)
Im Urchristentum, im Buddhismus, im Hinduismus und

in vielen Glaubensvorstellungen bei den Naturvölkern ist die Reinkarnation im Glauben integriert.
Zur Zeit der Gnostiker, also des Urchristentums, aus dem sich das Christentum entwickelte, war die Reinkarnationslehre ein Bestandteil des täglichen Lebens.
Die Lehre des Origenes, des Oberhauptes der Katechismusschule von Alexandrien (185 - 250 n. C.), war der Anlass für Kaiser Justinian, ohne Befürwortung des Papstes Vigilius, 553 n. C. die Reinkarnation zu verleugnen. Religionswissenschaftler wollen dieses Konzil heute nicht anerkennen.

Die Weden (Leben eines Priesters) sind eine Autobiographie vieler Einzelrückführungen.
Pythagoras konnte sich an zehn frühere Leben erinnern, er lehrte auch die Reinkarnation.
Goethe konnte sich an ein Leben in Rom zur Zeit Kaiser Hadrians zurückerinnern. Er sagte bei der Beerdigung eines Freundes: „Ich bin überzeugt, dass ich schon viele tausend Male auf der Erde gewandelt bin, und hoffe noch viele Male wiederzukehren“.
Johannes war im Vorleben Elija, Petrus war Jona, Paulus war König Saul.
Jesus war David und sagte selbst, dass er die 42. Wiedergeburt sei. Er gehörte der Sekte der Essener an. Ein Teil seiner Lehren waren Geheimlehren.
Das Lesen der Bibel war früher dem einfachen Volk untersagt.
Joan Grant, eine Engländerin, kann sich an vierzig

Erdenleben, davon drei im alten Ägypten, erinnern. Ihre Erinnerungen sind so genau, dass sie oft von Ägyptologen und Archäologen um Auskünfte über Kultur, Gebräuche, Religion, Schrift, Aussprache und Symbole gebeten wird.
Kinder erinnern sich noch oft an vergangene Leben und können in Trance oft alte, fremde Sprachen fließend sprechen. Ehepaare erinnern sich oft an gemeinsame Leben, meist mit vertauschten Rollen.
Wenn man eine Sprache eines Landes mit Leichtigkeit erlernt, oder sich stark zu einem Land oder einer Gegend hingezogen fühlt, war man mit Sicherheit in einem seiner Vorleben schon dort.
Die Wiederbekörperung dient immer der persönlichen Reifung. **Jeder hat seinen Reifungsprozess selbst zu vollziehen,** um auf dem Weg der Vollendung seiner individuellen Wesenheit dem Weg zur Vollkommenheit Fortschritte zu erzielen.
Leben bedeutet, ichbewusst denken, empfinden und handeln, egal wo und wie. Fehlt eine dieser Voraussetzungen, so kann man nicht mehr von einem „Leben" reden, sondern nur mehr von einem „Vegetieren."
Der gesamte Prozess der spirituellen Evolution kann als Läuterungsprozess betrachtet werden. Der Läuterungsprozess ist schmerzhaft, dafür bringt die Aufarbeitung, die Befreiung, die Glückseligkeit.

Reinkarnation ist auch mit einer Art Auferstehung zu vergleichen.

Jesus sagte zum Nikodemus:
Wahrlich, wahrlich, ich sage dir: Wenn jemand nicht von Neuem geboren wird, so kann er das Reich Gottes nicht sehen.

Eine angekündigte Wiedergeburt entspricht auch immer dem Geschlecht des Spirits.
Nach einer Rückführung hast du keine Angst mehr vor dem Tod, denn du weißt, du wirst wiedergeboren.
Du erkennst, dass du das Produkt deiner Vergangenheit bist.
Du kannst deine negativen Programme aufarbeiten.
So befreist du dich von allen deinen Problemen wie Ängsten, Krankheiten, Phobien, Alpträumen, Schlaflosigkeit, Verhaltensstörungen und anderen Verhaltensmustern.
Du akzeptierst jetzt auch unveränderliche Gegebenheiten (Karma). Du versucht nicht mehr die Schuld für die eigenen Probleme nach außen oder auf andere abzuschieben. Du wirst anderen Menschen gegenüber toleranter, denn eine Verurteilung anderer käme deiner eigenen Verurteilung gleich, warst du doch selbst einmal andersfarbig, andersgläubig, missgestaltet, homosexuell oder wahrscheinlich ein Gewalttäter.
Alles im Leben wiegt jetzt leichter und alles im Leben hat jetzt für dich einen erkennbaren Sinn.

Es wird unterschieden zwischen:

Primärtherapie

Eine Rückführung bis in den Mutterleib. Die eigene Geburt kann so nochmals erlebt werden. Ängste (Geburtstrauma) lösen sich so auf, man wird eigenständiger, entspannter, freier und leistungsfähiger.

Erlebnisse in der Fötal- und Embryonalzeit können die Ursache für: Existenzangst, Verlustangst, Todesangst zum Beispiel durch Abtreibungsversuche sein.

Der Embryo überblickt das gesamte Leben im Voraus, und so kann auch die Geburtsangst entstehen.

Symptome, die mit Erlebnissen vor, während und nach der Geburt zusammenhängen, können Ursache für Zustände wie Lebensangst, Angst vor dem Ersticken, der Zukunft und dem Tod sein. (z. B. Steckenbleiben im Geburtskanal)

Frühkindliche Erlebnisse können so erkannt werden.

Reinkarnationstherapie

Die Rückführung in frühere Existenzen.

In der Lebens- und Krankengeschichte nicht erklärbare, leistungs-, lebens-, kontaktbehindernde und krankheitsfördernde Symptome können durch frühere Existenzen bewusst gemacht werden.

Durch das Nacherleben von Ängsten, Nöten, Krankheiten, Unfällen, Verletzungen, schweren Zeiten, eines gewaltsamen Todes u. a. wird dir das Erkennen und

Verarbeiten, die Befreiung und Erlösung ermöglicht.
Du erkennst und beurteilst mit deinem jetzigen Bewusstsein.
Menschen mit großen Erfolgen, Höchstleistungen, großen Erfahrungen und Fähigkeiten, die sie nicht allein in diesem Leben erworben haben können, erfahren so, woher sie diese Eigenschaften haben.

Evolutionstherapie
Die Rückführung in vormenschliche Zustände.

Ich starb als Stein und wurde Pflanze.
Ich starb als Pflanze und wurde Tier.
Ich starb als Tier und wurde Mensch.
Warum soll ich den Tod fürchten?
Bin ich durch das Sterben jemals geringer geworden?
Einmal werde ich als Mensch sterben und als reiner Geist auferstehen.
Denn alles ist vergänglich, außer Gott.

Kinder kommen oft mit Körpermalen z. B. Narben, Muttermalen oder Feuermalen zur Welt.
Diese weisen auf einen gewaltsamen oder dramatischen Tod hin. Diese Stellen können auch in diesem Leben noch schmerzen. Sie kommen durch psychokinetische Übertragung auf den neuen Körper zustande. Das Todestrauma ist ein so starkes Energiefeld, dass es meist über den Tod hinaus bestehen bleibt.

Manche Verhaltensmuster wiederholen sich über mehrere Erdenleben; erkennen wir das und den Sinn, der dahintersteckt, ist das für uns ein „Aha - Erlebnis“ und wir können es jetzt aufarbeiten.
Unsere zum Teil schwerwiegenden Ereignisse und Erfahrungen der Vorleben haben wir seinerzeit nicht bewusst aufgearbeitet, sondern mehr oder weniger bewusst verdrängt.
Früher oder später müssen wir sie aber aufarbeiten, deshalb werden wir vom Unterbewusstsein immer wieder dazu aufgefordert, ob durch körperliche Krankheiten oder psychosomatische Beschwerden, Träume oder Ängste.
Das Unterbewusstsein speichert keine Bilder, sondern wie bei elektromagnetischen Digitalsystemen nur Plus und Minuseinheiten; Impulse also, die sich erst wieder zu Bildern zusammensetzen (Millionen hoch Millionen Plus + Minus Impulse).
Du siehst während einer Rückführung nicht dich, sondern aus dir heraus.
Ein Teil unserer Träume sind Rückerinnerungen an frühere Leben. Träume, die sich nicht aus der gegenwärtigen Symptomatik eines Menschen erklären lassen, hängen sicher mit nicht gelösten Problemen einer früheren Inkarnation zusammen. Z. B. Unfälle, Verletzungen, Krankheiten, Konflikte und Ängste.
Da unser Unterbewusstsein keine Zeitbegriffe kennt, können historische Zeitabläufe mit der heutigen Zeit vermischt sein.

Reinkarnationserinnerungen im Traum:

Weglaufen wollen, es aber nicht können; sich verstecken müssen. Deuten auf Flucht hin.
Verwundet werden, verstümmelt werden. Deuten auf Krieg oder Glieder abhacken hin.
Stürzen, fallen, deuten auf Selbstmord, erhängt Werden oder Absturz hin.
Schweißüberströmt aufwachen. Weist dich auf Lebensgefahr und Angst hin.
Auch gewisse Orte oder Riten weisen auf frühere Ereignisse hin.
Aus der Zeit um die Geburt können Empfindungen wie: Fliegen, Schweben und Fallen stammen.

Beispiele für Reinkarnationserinnerungen:

Alle Worte mit einer starken emotionalen Reaktion.
Von Aal über Inquisition, Gaskammer, Scheiterhaufen bis Zuchthaus.

Angst vor: **Feuer** bedeutet ein traumatisches Erlebnis in einem Vorleben mit: Brand, Verbrennung, Feuertod, Bombenhagel.

Angst vor: **Wasser** deutet auf alle Arten von Untergehen, Weggespült werden und Ertrinken hin.

Angst vor: **Höhe** deutet auf: von - oder mit etwas abgestürzt sein hin.

Angst vor: **Tiefe** deutet auf ein traumatisches Erlebnis in einer Höhle, Schlucht, Katakombe oder Keller hin.

Angst vor: **Plätzen** deutet auf ein traumatisches Erlebnis in Bezug auf Ungeschütztsein, Ausgeliefertsein, am Pranger stehen oder Hinrichtung hin.

Angst vor: **Geschlossenen Räumen** deutet auf: Kerker, Alleinsein, Gefängnis, Gefangenschaft, Bunker, Lift, Eingesperrtsein und Verhungern hin.

Angst vor: **Tod** deutet auf Verurteilung, Gericht oder Scheintod hin.

Angst vor: **Krankheit** deutet auf: Amputation,Bewegungsunfähigkeit oder Siechtum hin.

Angst vor: **Schwangerschaft** deutet auf: Ausgeliefertsein, Abtreibungsproblematik, Kindstod, Kindbettfieber oder Tod hin.

Angst vor: **Autoritäten** deutet auf: Ausgeliefertsein, Zwang und Gewalt hin.

Angst vor: **Männer** deutet auf: Entwürdigung, Schändung, Vergewaltigung oder Bedrohung hin.

Angst vor: **Frauen** deutet auf: Zwang zur Ehe, Gift, Verleumdung, Abhängigkeit oder Hörigkeit hin.

Redensarten wie:

Am liebsten würde ich auf und davongehen!
Ich kann einfach nicht mehr!
Ich gebe auf, dann ist alles vorbei!
Mich werden sie nie kriegen!
Es ist so schlimm, ich springe irgendwo hinunter!
Es ist zum Verzweifeln!
Es hat alles keinen Sinn mehr! Und, und, und.

Körperliche Symptome und Empfindungen wie:

Oft bekomme ich keine Luft, mein Hals ist wie zugeschnürt.
Mir bleibt die Luft weg, als ob ein Stein auf mir liegen würde.
Mein Hals, oder sonst etwas tut oft weh, ohne dass mir etwas fehlt.
Bei manchen Bewegungen spüre ich da oder dort einen stechenden Schmerz, obwohl mir nichts fehlt.
Beim Sex fühle ich nichts, ich komme mir wie vergewaltigt...missbraucht...genommen vor.
Oft wache ich ohne Grund auf und habe große Angst.
Ich habe furchtbare Angst vor dem Liftfahren
Ich habe furchtbare Angst vor dem Fliegen.
Ich habe oft starke Kopfschmerzen (Schläfe, Hinterkopf, zwischen den Augen).
Oft habe ich das Gefühl, als ob ich einen Schlag abbekommen hätte. Und, und, und.

Man erfährt, wenn man sich laufend mit Rückführungen beschäftigt, immer wieder neue, sehr interessante Erkenntnisse, auch über Verknüpfungen von Ursachen.
In den von mir durchgeführten Einzelrückführungen hat es sich auch gezeigt, dass von den Müttern nicht aufgearbeitete Programme aus ihrer Jugendzeit sich als Krankheiten oder Unpässlichkeiten auf ihre Kleinkinder übertragen können.

Während oder nach einer Rückführung kannst du frühere Lebensbedingungen und Situationen erkennen, egal welche, und wenn sie noch so grausam, abstoßend oder sonst wie waren, **es war einmal.**
Damals herrschten andere Sitten, Verbote, Gebote, oft ging es um das nackte Überleben.
Unsere heutigen sittlichen und gesellschaftlichen Maßstäbe sind für diese frühere Zeit nicht mehr passend.

Darum darf dich die Vergangenheit, wenn du sie in einer Rückführung kennenlernst, nicht belasten.

Traum und Schlaf

Im Traum sendet dir dein Höheres Selbst Botschaften. Jeder Traum enthält eine Botschaft an dich persönlich und muss individuell und nicht pauschal analysiert und gedeutet werden.
Traum und Tiefschlafphasen wechseln sich in der Nacht regelmäßig ab. Der Tiefschlaf dient vor allem der körperlichen Erholung, der Traumschlaf ist hauptsächlich für die seelisch - geistige Regeneration wichtig.
Der Traumschlaf der Säuglinge und Kleinkinder dient auch der Reifung des Gehirns. Darum schlafen zu früh geborene Kinder praktisch nie traumlos.

Bis zum 2. Lebensjahr macht der Traumschlaf noch ungefähr 50% des Schlafes aus. Später ca. 20% und bei älteren Menschen 6 bis 10%.
Kleinkinder und Säuglinge benötigen im Durchschnitt 16 bis 20 Stunden Schlaf, Schulkinder 10 bis 12 Stunden, Erwachsene 4 bis 10 Stunden. Im Alter schläft man nachts oft nur noch 4 bis 5 Stunden, dafür aber am Tag zwischendurch.

Der Schlaf beginnt zwischen Wachen und Schlafen mit einer Art Dämmerzustand. In dieser Alphaphase im Bereich zwischen 13 und 8 Hertz haben wir Zugang zu unserem Unterbewusstsein. Aus diesem Zustand gleitet man dann unmerklich in den ersten Tiefschlaf.
Ca. 30 Minuten nach dem Einschlafen vertieft sich der Schlaf weiter und man erreicht den intensivsten Tief-

schlaf, der ca. 90 bis 120 Minuten dauert. Danach wird der Schlaf oberflächlicher, das Gehirn arbeitet voll aktiv, man träumt. Die Augen bewegen sich hinter den geschlossenen Liedern, diese Phase dauert ungefähr 10 Minuten. Anschließend gelangt man ähnlich wie beim Einschlafen wieder in den Tiefschlaf, der erneut 90 bis 120 Minuten dauert. Die darauf folgende Traumschlafphase hält bereits 20 Minuten an.

Die 3. Tiefschlafphase dauert nur mehr 60 Minuten.
Die 3. Traumschlafphase dagegen schon 30 Minuten.
Die 4. Tiefschlafphase dauert etwa 60 Minuten.
Die 4. Traumschlafphase dauert ungefähr 40 Minuten.

Nach erneuertem kurzen Tiefschlaf folgt zum Schluss eine letzte 10 bis 70 Minuten dauernde Traumschlafphase. Aus ihr erwachst du normalerweise und kannst dich an die letzten Träume meist noch gut erinnern.
Fast jeder, der von seinem Wecker aufgeweckt wird, hat ein Schlafdefizit, denn es ist meist die falsche Aufwachphase.
Nach 4 Tagen Schlafentzug reagiert dein Körper mit Fieber und einem Dämmerzustand mit völliger Desorientiertheit in Raum und Zeit.
Mehr als 11 Tage hält niemand den Schlafentzug durch, dann erzwingen sich der Körper und die Seele den Schlaf, weil sonst das Leben akut gefährdet wäre. Zu den häufigsten Ursachen der Traumschlafstörungen gehört der Genuss von Alkohol. Schon die kleinsten Mengen stören die Traumschlafphasen, größere verhin-

dern sie. Ist der Traumschlaf auch nur eine Nacht gestört, fühlst du dich am Morgen unausgeschlafen, abgespannt, gereizt und leistungsunfähig.
Es kann auch zu depressiven Verstimmungen kommen.
Länger andauernde Störungen des Traumschlafs lassen die Träume am Tag in das Bewusstsein durchbrechen (Tagträume), kurze Ausfälle des Bewusstseins können dadurch auftreten, die mit schweren Unfällen enden können. Schließlich können sich sogar halluzinatorische Sinnestäuschungen mit Verkennen der Realität und wahnartige Zustände wie bei Geisteskrankheiten (Psychosen) einstellen.
Im Traum werden alle Gesetze von Raum und Zeit, Vernunft, Logik und Moral, denen wir im Wachzustand folgen, aufgehoben. Darum verstehst du die meisten Träume nicht sofort.
Im Traum können Erfahrungen, Eindrücke, Ereignisse und Personen, die man zu unterschiedlichen Zeiten im Leben erlebt hat, vermischt werden, so dass völlig neue Situationen entstehen. Durch diese neuen Zusammenhänge können Problemlösungen entstehen, auf die du sonst wahrscheinlich nicht gekommen wärst.
Die Inhalte der Träume stammen aus den verschiedensten Quellen, von denen du im Wachzustand meist überhaupt keine Ahnung mehr hast.
Längst vergessene, **meist verdrängte** Erfahrungen des Lebens, unterdrückte Triebe, Bedürfnisse und andere psychische Vorgänge kommen jetzt hoch.
Manche Träume hängen mit den Ereignissen (meist

nicht aufgearbeitet) des vorangegangenen Tages oder mit körperlichen Vorgängen im Schlaf zusammen. Du kannst Krankheiten „vorausahnen“. Das alles wird von deinem Willen und Verstand unabhängig von deinem Unterbewusstsein zu Träumen verarbeitet.
Der Ursprung oder die wirkliche Botschaft des Traumes ist meist nicht mehr sofort, sondern erst nach einer gründlichen Analyse erkennbar. Der vordergründige Inhalt eines Traumes soll also nie mit seinem wirklichen Sinn, mit der verschlüsselten Traumaussage verwechselt werden. Diese Verdichtungen und Verschiebungen der Traumhandlungen haben den Sinn, psychische Inhalte, die du fürchtest oder für die du dich schämst, die du deshalb verdrängt hast, nicht direkt in den Träumen sichtbar werden zu lassen. Diese wichtigen Trauminhalte, die aufgearbeitet werden sollen, werden so in den Hintergrund gedrängt und erscheinen dadurch im gesamten Traumgeschehen als nebensächlich, wenn sie überhaupt erkennbar sind. Träume können aber auch ganz logisch und vernünftig aufgebaut sein. Träume bieten oft auch Problemlösungen für schwierige Probleme an. Diese sind oft originell, weil die Kreativität im Traum oft ungewöhnliche, aber trotzdem realistische Wege vorschlagen kann. Sie können auch hohen moralischen Ansprüchen entsprechen. Sie müssen also nicht immer unvernünftig, unmoralisch und chaotisch sein. Aber sie müssen nicht deinen Gesetzen von Logik und Vernunft, Zeit und Raum, Moral und Ethik folgen.

Im Traum können sich völlig phantastische, absurde, kriminelle und obszöne Handlungen abspielen, zu denen du im Tagesbewusstsein niemals fähig wärst.
Wenn du erkannt hast, nach welchem „Schlüssel" dein Unterbewusstsein deine Träume verschlüsselt, gelingt es dir immer leichter, die dahinterstehenden Verdichtungen und Verschiebungen zu analysieren und so den wirklichen Sinn und die Bedeutung des Traumes zu verstehen.

Kinder, selbstbewusste und selbstsichere Menschen träumen weniger verschlüsselt, da ihre Gesetze und Moralvorstellungen mehr der Vernunft als den Normen angepasst sind.

Sich wiederholende Träume, auch die Alpträume, sind eine Aufforderung, du sollst dich endlich mit der Ursache auseinander setzen.
Träume können dich auch auf eine Erkrankung hinweisen. Träume von schweren Krankheiten können aber auch eine ganz andere Bedeutung haben. (Innere Widersprüche). Du solltest sie aber nicht als belanglos abtun, sondern bald abklären lassen, ob nicht doch eine Krankheit vorliegt.

Bei Alpträumen suggeriere dir:

Ruhig und gelassen nehme ich im Traum alle Ängste und Gefahren an und bleibe immer Sieger.

Krankheit

Jede Krankheit ist heilbar, aber nicht jeder Kranke.

Niemand käme auf die Idee zu sagen: **Farbe und Leinwand sind die Ursache eines Bildes.**
Wenn du aber krank bist, besinnst du dich auf einen Arzt, oder die Werbung, du kaufst Medikamente und behandelst so dein Symptom.
Um die Ursache, dein Denken, kümmerst du dich aber nicht. Du stellst so immer nur die Signale ab. Wenn das leicht und schnell geht, empfiehlst du das gute Mittel oder den Arzt sogar noch weiter.
Du zwingst so dein Unterbewusstsein, dir über den Körper ein neues, unangenehmeres Symptom zu schicken. Du solltest aber nach innen horchen.
Der tiefere Sinn der Krankheit ist immer, zur Besinnung, zur Erkenntnis zu kommen, wozu dich dein Unterbewusstsein über die Krankheit notfalls auch zwingt.
Heilung bedeutet nicht, das Symptom zum Verschwinden zu bringen, sondern die negativen Programme, die du derzeit auslebst, zu erkennen und dich neu zu orientieren, umzudenken.
Es genügt nicht, Medikamente, Spritzen oder Naturheilmittel einzusetzen oder zu einem Geistheiler zu gehen, sondern du musst darauf hören, was dir dein Unterbewusstsein durch deinen Körper sagen will und seinen Rat befolgen. Noch nie hat weltweit ein Arzt jemanden dauerhaft geheilt. Eine Heilung kann nur aus

dir heraus erfolgen. Ein Arzt kann den Körper nur durch z. B. Knochen einrenken, Fremdkörper entfernen, Chemikalien verabreichen unterstützen, aber er kann nicht heilen.
Weder der beste Arzt, noch das beste Medikament kann heilen, sondern nur die Heilkraft in dir selbst.
Gesund werden kannst du nur, wenn du dich änderst.
Tust du es nicht, schickt dir dein Unterbewusstsein über deinen Körper immer neue, stärkere Symptome bis zum Tod.
Wer nicht selbst an sich arbeitet, an dem wird gearbeitet. Oder: **Wer nicht hören will, muss fühlen.**
Das Telefon klingelt. Wenn du die Botschaft erhalten, also verstanden hast, hört das Telefon auf zu klingeln.

Schmerzen sind immer ein Zeichen, dass du dich in irgend einem Bereich auf der geistigen Ebene gegen persönliches Wachstum sträubst.

Wenn du dein Denken, Fühlen und Handeln in Ordnung bringst, dann wird sich auch deine körperliche Heilung einstellen.
Das ist nicht bequem, aber der einzige Weg zu einer wahren und andauernden Heilung.

Voraussetzung ist, dass du die Botschaften deines Körpers verstehen lernst.
Die Krankheit ist nicht dein Feind, sondern dein Freund und Partner, sie ist dein bester Entwicklungshelfer.

Die Sprache der Organe und Symptome ist ganz einfach und gehorcht immer wiederkehrenden Gesetzmäßigkeiten. Wenn du sie verstehst, liegt es an dir, die notwendigen Schritte zur Heilung zu tun, oder du gehst den Weg der Erfahrung, des Leidens.
Jede Krankheit zeigt dir, dass du dich nicht lebensgerecht verhalten hast.
Jeder bestimmt selbst, wie es ihm geht.
Lebst du mit Stress, wirst du Probleme mit deinem Herzen bekommen. Lebst du mit Ärger, wirst du Probleme mit deinem Magen bekommen. Lebst du mit Partnerschaftsproblemen, wirst du Probleme mit deinen Nieren bekommen usw.

Dein Körper ist die Projektionsfläche deines Bewusstseins. Deine Psyche lässt die Gefühle und Energien, die dich bewegen, über deinen Körper sichtbar werden.
Eine Krankheit kommt nicht plötzlich.
Die erste Mahnung vom Unterbewusstsein kommt als Idee, als Traum oder als Wunsch und wird meist nicht erkannt und nicht ernst genommen. Du „überhörst" sie meist.
Mit der zweiten Mahnung geht das Unterbewusstsein nach außen, z. B. durch Mimik oder mit einer Geste, z. B. mit etwas spielen, sich kratzen, an etwas zupfen oder wischen, etwas glätten, an etwas kauen, Arme und Hände verschränken, mit den Augen blinzeln oder zucken, stottern, dein Tonfall, Gewichtsprobleme, Rauchen usw. Und niemand da draußen ist interessiert

daran, dich darauf aufmerksam zu machen.
Die dritte Mahnung ist meist nicht mehr so harmlos.
Es kommt jetzt eine kleine, unbelastende Funktionsstörung. Diese verschwindet nach einigen Tagen, mit oder ohne Arzt.
Wird jetzt wieder nicht nach der Ursache gesucht und diese behandelt, kommt es zur vierten Mahnung.
Eine akute Störung in Form einer Verletzung, eines Unfalls oder einer Entzündung kommt jetzt schon schmerzhaft auf dich zu.
Erkennst du jetzt noch immer nicht, dass du umdenken solltest, wird es jetzt ernst, es kommt eine „Dauermahnung", ein chronisches Leiden.
Beachtest du auch diese Mahnung nicht, kommt es zu Organveränderungen oder Krebs.
Es ist noch immer nicht zu spät, noch kannst du mit Zinsen, das sind die Schmerzen und die körperlichen Veränderungen, bezahlen.
Tust du aber wieder nichts Richtiges, endet es früher oder später mit deinem Tod.
Bei einer der nächsten Inkarnationen wirst du wahrscheinlich mit einer angeborenen Krankheit, Behinderung oder Missbildung leben müssen.
Ein neuer Schultag unter belastenden Voraussetzungen beginnt.

<u>Die Deutung der Symptome</u>

Du darfst bei der Deutung der Symptome den scheinbaren kausalen Zusammenhängen auf der funktionalen Ebene keine Bedeutung schenken.
Auf der menschlichen Ebene sind z. B. Bakterien, Viren, Erdstrahlen, die Vererbung usw. immer zu finden und ihre Existenz wird von niemandem abgestritten.

Um die wirkliche Ursache zu erkennen, ist für dich nur wichtig, <u>dass etwas ist und wie etwas ist</u> und <u>nicht, warum</u> etwas auf der menschlichen Ebene so ist.

Sehr wichtig ist immer der genaue Zeitpunkt, wann das Symptom aufgetreten ist. Er liefert meist schon wichtige Informationen über den Problembereich, der sich im Symptom manifestiert.
Mit welchen Gedanken, Themen und Phantasien hast du dich gerade auseinandergesetzt, als das Symptom das erste Mal auftrat.
Hat es irgend eine Veränderung in deinem Leben gegeben? Irgend eine schlechte Nachricht?
Was beschäftigt dich gedanklich derzeit am meisten? Wichtig sind vor allem die Ereignisse, die dir unwichtig und bedeutungslos vorkommen. Denn mit den großen Dingen im Leben setzt du dich meist bewusst auseinander. Die kleinen, harmlosen Dinge des Alltags, über die du hinweggehst, sind aber meist die Auslöser für die verdrängten Problembereiche.

Akute Symptome wie Erkältung, Übelkeit, Durchfall, Sodbrennen, Kopfschmerzen, Unfälle, Verletzungen u. a. reagieren zeitlich sehr genau. Du denkst und kurz darauf kommt vom Unterbewusstsein der Hinweis.
Darum lohnt sich immer die Frage, was hat man genau zu diesem Zeitpunkt getan, gedacht oder phantasiert. Hast du dir gerade den Kopf angestoßen, dann war das, was du gerade gedacht hast, falsch.
Ist eine Gehirnerschütterung das Ergebnis, so wird damit dein Gedankensystem grundlegend erschüttert und in Frage gestellt und du spürst so, dass deine Art zu denken weh tut.
Stellst du dir nun die Frage nach dem Zusammenhang, so ist es immer wichtig, die erste, sich spontan Idee genau zu betrachten und sie nicht als belanglos abzutun. Sie kommt von deinem Höheren Selbst und ist immer richtig.

Fast alle Symptome zwingen dich zu Verhaltensänderungen, die sich in zwei Gruppen aufteilen lassen.
Einmal hindert dich das Symptom daran, etwas zu tun, das du gerne tun würdest, und einmal zwingt es dich, etwas zu tun, was du nicht tun wolltest.
So hindert dich eine Grippe daran, auf eine Einladung zu gehen und zwingt dich, im Bett zu bleiben.
Ein gebrochenes Bein hindert dich daran, Sport zu betreiben und zwingt dich zur Ruhe. Du hast jetzt Zeit um nachzudenken. Zeit für eine Neuorientierung.
Der Überaktive wird so zur Ruhe gezwungen, der Über-

bewegliche wird in seiner Bewegung behindert.

Das Symptom erzwingt also immer das Nicht - Gelebte.

Wenn du jetzt freiwillig auf das Entzogene verzichtest, umdenkst und das Erzwungene lebst, vermeidest du, dass die Zwangsbelehrung weitergeht. Jeder Versuch, den Stand vor einer Erkrankung wieder zu erreichen, wie es die Schulmedizin macht, ist falsch, denn über die Krankheit will dich dein Unterbewusstsein weiterführen.

Die Frage, woran hindert mich das Symptom, bringt dich meist schon an den Sinn der Krankheit heran.

Beispiel:
Ist zum Beispiel dein rechter Fuß betroffen, dann frag dich:
Was bedeuten mir meine Beine?
Stehe ich mit beiden Beinen im Leben?
Vertrete ich den richtigen Standpunkt?
Gehe ich in die richtige Richtung?

Die **rechte** Körperseite ist für außen und den Willen, also das Erreichte, zuständig. Du **tust** es bereits.
Die **linke** Körperseite steht für innen, für das Gefühl.
Du **denkst** derzeit darüber.
Einige Beispiele:

Die **Grippe** sagt dir: deine Lebenskraft ist blockiert, z. B. durch negative Gedanken an eine Krankheit oder die Befürchtung derselben. Du schwächst dich dadurch. Die Folge ist dann eine Immunschwäche. Sie ist die Ursache und die Bakterien oder Viren sind dann auf der menschlichen Ebene das Werkzeug für deine Gedanken, sie sind dann die Auslöser.

Der **Schnupfen** sagt dir, dass du die Nase voll hast. Frag dich: auf wen oder was bin ich verschnupft?

Eine **Entzündung** bedeutet: eine akute Belastung und Angst. Etwas „Entzündliches" ist in deinen Gedanken vorhanden.

Für **Schnittwunden** und **Verbrennungen** gilt das selbe. Zu beachten ist dabei auch noch, dass die Haut immer Kommunikationsprobleme bedeutet. Durch Verbrennungen und andere Verletzungen, die deine äußere Grenze, die Haut durchbrechen, sagt dir dein Unterbewustsein, dass du eine Gefahr nicht richtig einschätzt oder sie gar nicht siehst. Verbrennungen betreffen immer die Grenze des Menschen, die Haut. Diese Grenzverletzung bedeutet immer, dass du dein „Ich" gegenüber den anderen abgrenzt, dadurch verhinderst du aber das Fließen der Liebe. Dein Unterbewusstsein muss jetzt durch ein äußeres Feuer die äußeren Grenzen, deine Haut verbrennen und dich so mit Gewalt öffnen und verwundbar, also wieder empfänglich für die Liebe machen.

Rutscht, stolperst oder **stürzt** du, ist es mit deinen Gedanken, mit denen du dich zur Zeit beschäftigst, genau so.

Vereitern bedeutet: ein fremder Eindringling auf der Gedankenebene soll entfernt werden.

Eine **Zerrung** deutet auf eine zu große Belastung auf der Gedankenebene hin.

Eine **Verrenkung** sagt aus: etwas ist nicht in Harmonie, etwas ist einzurenken.

Wenn etwas **brennt** oder **juckt**, dann frag dich: was juckt mich, was stört mich?

Verschleiß und **Abnutzung** sagen aus: durch dein stures Beharren auf deinen alten Programmen fließt die Energie nicht mehr, es entsteht Reibung.

Kurzsichtigkeit bedeutet: du handelst kurzsichtig, du

hast Angst vor der Zukunft. Du kannst etwas nicht mehr sehen. Bei kleinen Kindern bedeutet es: Es kann mehr oder weniger bewusst etwas schon längere Zeit nicht mehr mit ansehen. Sein Unterbewusstsein verschleiert seinen Blick. Ergebnis - Kurzsichtigkeit.

Weitsichtigkeit sagt aus: du willst Naheliegendes nicht genug betrachten. Du hast Angst vor der Gegenwart.

Hörst du schlecht: so kannst du dir schon längere Zeit etwas nicht mehr anhören.

Die **Hormone** sind Botenstoffe, sie sind für die innere Harmonie zuständig. Mit der Frage, welches Hormon und für was es zuständig ist, kannst du den Sinn hinterfragen.

Auch ein jeder Zahn hängt mit einem Organ zusammen. Über das Organ kommst du wieder auf dein falsches Programm.

Die Allergien: Sie sind Aggressionen, die vom Bewusstsein in den Körper verlagert wurden. In der Narkose oder während einer Psychose gibt es keine Allergie. Nur im Bewusstsein taucht sie auf. Woher kommt sie also?
Nur von unserem Denken.

Bei **Atmungsproblemen** frag dich, was dir den Atem verschlägt? Wo mache ich zu? Was wehre ich ab?

Asthma: Der Asthmatiker muss seine Aggressionen akzeptieren und äußern. Sein Grundproblem ist meist: Ich bin klein, aber ich will dominieren.

Die Enge ist Angst. Angst sich mit dem Gemiedenen bewusst auseinanderzusetzen. Ebenso mit der Frage, welche Lebensbereiche sind mir zu dreckig.

Der **Magen** steht für das Verdauen. Was kann ich nicht schlucken? Was fresse ich in mich hinein? Ich muss mich mit etwas auseinandersetzen oder es akzeptieren.

Die **Nieren** stehen für das Reinigen. Ich habe auf der geistigen Ebene, im weiteren Partnerschaftsbereich etwas zu bereinigen.

Die **Leber** steht für das Verarbeiten. Ich verarbeite etwas auf der Gedankenebene nicht.

Der **Darm** steht für das Ausscheiden. Ich muss loslassen. Etwas Materielles, alte Programme oder z. B. Schuldgefühle.

Kreislaufprobleme sagen: Das Blut ist die Seele des

Körpers. Ohne Blut bist du entseelt. (Leukämie)

Der **niedrige Blutdruck** sagt aus: Du bist zu wenig dynamisch. Du sollst dich nicht vor deinen Lebensaufgaben drücken.

Der **hohe Blutdruck** sagt aus: Du bist zu dynamisch, zu hektisch. Du machst alles zu deinen Problemen..

Bei einer **Ohnmacht** frag dich: Wo fühle ich mich ohnmächtig?

Der **Husten** bedeutet: Du bist mit etwas nicht einverstanden.

Niesen bedeutet dasselbe, in einer kleineren, harmloseren Form.

Gallensteine sind verhärtete Aggressionen. Frauen bekommen 4 x öfter Gallensteine als die Männer, weil sie öfter den Ärger hinunter schlucken müssen.

Wenn du von allen geliebt und akzeptiert werden willst, niemandem gelingt das, wirst du sauer, was man dann am PH - Wert des Urins testen kann.
Wenn dein Denken beweglich wird, werden auch deine

Gelenke beweglich.

Wenn du die Wut hinunterschluckst, zeigt dir das Unterbewusstsein die Energie der Emotion dann als **Magenschleimhautentzündung.**

Durchfall bedeutet: etwas nicht verarbeiten können, es zu schnell loslassen.

Verstopfung bedeutet: du lässt nicht von alten Vorstellungen los. Du lebst in der Vergangenheit. Oder du hortest Materie.

Ausführliche Informationen über die meisten Krankheiten und die zugrunde liegenden Programme findest du in meinem zweiten Buch:

Umdenken, der Weg aus der Krankheit.

oder z. B. bei Louise Hay (Heile deinen Körper) und bei Rüdiger Dahlke. (Krankheit als Sprache der Seele)

Bei allen Verletzungen und Erkrankungen gibt dir immer die Bedeutung der Örtlichkeit, oder das Organ einen Hinweis auf das Programm, wo du mit deinem Denken oder Handeln daneben bist.

Jeder Gedanke an eine ehemalige Krankheit raubt dir Energie und schwächt deine Immunkraft. Eine

bildliche Vorstellung eines Zustandes materialisiert diesen.

Du kannst auch krank werden, wenn du fest daran glaubst, dass eine Krankheit eine unausbleibliche Reaktion auf eine bestimmte Situation ist. Z. B. wenn du im Zug stehst - eine Verkühlung, eine ansteckende Krankheit, Durchfall im Urlaub, Malaria usw.

Du bekommst eine **Erbkrankheit** nur dann, wenn du mehr oder weniger bewusst die selben Muster und Programme eines anderen Familienmitglieds lebst.

Wenn du als Kind, wenn du krank warst, mehr Liebe und Zuneigung von deinen Eltern bekommen hast, kannst du das auch jetzt, als Erwachsener noch unbewusst ausnützen.

Wenn du lange Zeit deine Gefühle unterdrückst, wirst du schließlich an **Krebs** sterben. Du spürst den Druck deiner verdrängten Gefühle, glaubst aber, dass du sie nicht ausdrücken kannst oder darfst und diesen Widerspruch kannst du nicht lösen. Also findet dein Unterbewusstsein eine Lösung für dich, es tötet dich. In Wirklichkeit hat es bei dir bisher nur an Durchsetzungs- und Kampfkraft für deinen eigenen Lebensweg gemangelt. Egal, welcher Krebs, du kommst über das Organ oder die Körperstelle auf dein negatives Programm, und weißt so, was du aufzuarbeiten hast.

Hast du dein negatives Programm erkannt und dein Denken berichtigt, fließt die negative Energie nicht mehr, und dein Unterbewusstsein hat keinen Grund mehr, dich über ein Problem oder ein Leiden darauf aufmerksam zu machen.
Das ist die Heilung und **nur du kannst umdenken,** darum muss dir bewusst sein, dass es **keine Hilfe von außen** gibt, wenn du eine **dauernde Heilung** erreichen willst.

Die Schulmedizin sieht im Patienten ein Objekt, in dem ein Mechanismus defekt ist, und repariert diesen Mechanismus, anstatt auf die Ursache zurückzugehen. Wenn dir ein Arzt sagt, es gibt keine Heilung mehr für dich, sagt das nur, dass **er** mit seinem Latein am Ende ist.
Nur für die Schulmedizin gibt es unheilbare Krankheiten, **du kannst alle deine Krankheiten heilen,** denn die Ursache ist immer nur in deinem Denken zu suchen.

Du hast deinen Körper, um auf diesem Planeten damit deine Erfahrungen zu machen. Wenn du aber etwas nicht körperlich tust, sondern das Handeln durch Denken ersetzt, benutzt du klarerweise deinen Körper nicht um Erfahrungen zu machen.
Aber nur durch die Verwirklichung bleibt die Energie in Fluss. Auf die Stauungen der Energie macht dich dann dein Unterbewusstsein wieder schmerzhaft aufmerksam.

Hemmst du z. B. die Aktivität im muskulären Bereich, zeigt dir dein Unterbewusstsein das dann als Problem im Bewegungsapparat, z. B. mit **Gicht oder Rheuma.**
Wirst du auf der geistigen Ebene unnachgiebig, hartherzig, eisern, verhärtet sich das Zentralnervensystem und so kommst du zu **Multipler Sklerose.**
Arbeitest du die Probleme des Tages nicht bewusst bei Tag auf, lassen sie dich nicht einschlafen, dein Unterbewusstsein „belohnt" dich vielleicht auch noch mit morgendlichem Kopfschmerz.
Hast du **Kopfschmerzen,** frag dich ganz einfach: Was setzt mich jetzt unter Druck? Meist sind das mehrere Probleme oder Aufgaben, an die du zugleich denkst. Du denkst im Kreis, so kommst du kaum weiter. Erkenne das und sag dir dann:
Mein Kopf ist klar und rein, meine Gedanken fließen.
Und dann lass den Gedanken an den Kopfschmerz los.
In ein paar Minuten ist der Kopfschmerz wirklich weg.
In Zukunft werden auch die Abstände, in denen der Kopfschmerz auftaucht, immer größer, bis er dann der Vergangenheit angehört, denn du hast das Programm durchschaut. Lebst du Sex nicht aus, sondern verlagerst ihn in dein Denken, fließt das Blut nicht in den Genitalbereich, sondern in den Kopf. Das ist ein Grund für die **Migräne.**
Entspricht die Realität nicht deiner Scheinwelt, zeigt dir dein Unterbewusstsein das mit **Übelkeit**. Oder du flüchtest dich in eine Scheinwelt, mittels Alkohol.

Ist dein Weltbild von Verzweiflung, Ungerechtigkeit und Grausamkeit geprägt, begehst du Realitätsflucht. Du greifst zu Drogen. Auf den wiederholten Drogenkonsum reagiert dein Körper zu deinem Schutz so, dass du immer größere Mengen nehmen musst, um den gleichen Effekt zu erreichen. Dadurch wird dein Körper früher oder später zerstört.

Unfälle

Nachdem niemand gerne zugibt, an etwas Negativem schuld zu sein, ist es für dich meist sehr unangenehm, wenn du die volle Verantwortung für dein gesamtes Dasein und alles, was du darin erlebst und erfährst, übernehmen musst.

Darum reagiert fast ein jeder ungläubig, wenn man alle Arten von Unfällen gleich wie Krankheiten deutet. Auf der menschlichen Ebene scheint es oft so, dass etwas immer von außen und meist „unverschuldet" auf dich zukommt, wie bei der Erkältung die Bakterien, so der Dachziegel oder der betrunkene Autofahrer bei einem Unfall.

Du versuchst immer die Schuld nach außen, auf andere hin zu projizieren, du lügst dich so selbst an.

Menschlich gesehen ist es verständlich, für das Ego von Otto Normalbürger.

Jeder trägt aber selbst die Verantwortung für alles, was ihm im Leben zustößt, ob in Form von Problemen, Krankheiten oder Unfällen. So gesehen bist du Täter

und Opfer in einer Person. Erkennst du das, kannst du dir selbst helfen.
Häufen sich die Unfälle in deinem Leben, dann gibt dir dein Unterbewusstsein so zu verstehen, dass du deine Probleme noch immer nicht bewusst gelöst hast und so die Zwangsbelehrung weitergeht.
Wenn du durch eine Krankheit oder einen Unfall deine körperlichen Aktivitäten einschränken musst, hast du Zeit, über die zu Grunde liegende Ursache nachzudenken: Beziehungsprobleme, Bewertungen, Einstellungen, negative Gefühle, Ängste und vieles mehr.
Wenn du krank wirst oder einen Unfall hast und **dadurch nicht arbeiten kannst,** sagt dir dein Unterbewusstsein damit, du kannst oder willst dich mit einer Sache, die deine Arbeit oder deinen Beruf betrifft, nicht konfrontieren, du musst erst „zwangsbeglückt" werden, damit du dir die nötige Ruhe und Entspannung gönnst, um dich damit auseinanderzusetzen, oder auch nicht.
Ein jeder Unfall muss immer als Einzelfall genau hinterfragt werden.
Wenn du dir etwas brichst, soll dir das sagen, dass du irgendwo auf der Gedankenebene das Ende, also den Abbruch einer Entwicklung „übersehen" hast.
Das kann eine Partnerschaft sein, die sich überlebt hat, ein Beruf, oder irgend eine Einstellung zu irgend etwas, das dich schon länger beschäftigt.
Vielleicht hast du auch geistig und körperlich die Bewegung und Belastung schon lange Zeit übertrieben.
Unbewusst hat es dir schon lange nicht mehr gepasst.

Doch es fehlte dir der Mut, du hattest Angst, oder du bist zu bequem dazu gewesen, es bewusst in Frage zu stellen und es zu ändern.
Du wolltest eigentlich, aber du hast es nicht getan.
Dein Unterbewusstsein zeigt dir jetzt durch den Bruch den Abbruch des Alten, um dem Neuen zum Durchbruch zu verhelfen.
Wenn du älter wirst, und dich immer mehr auf deine Erfahrungen und alten Normen versteifst, bist du geistig nicht mehr flexibel und verlierst auch immer mehr deine psychische Anpassungsfähigkeit, im selben Ausmaß nimmt auch die Entkalkung deiner Knochen zu. Dadurch steigt die Gefahr der Knochenbrüche. (Osteoporose)
Auch bei einem Verkehrsunfall ist die Deutung meist sehr leicht. Hör nur genau hin, wenn der Ablauf geschildert wird. Die Doppeldeutigkeit der deutschen Sprache verrät meist schon alles.
Wenn du die Ursache erkennen willst, brauchst du nur den Hergang auf deine eigene geistige Situation übertragen.
Du kannst im Leben wie auch im Straßenverkehr die Kontrolle oder die Herrschaft über etwas verlieren, jemanden anfahren, etwas übersehen, vom Weg abkommen oder ins Schleudern geraten. Wenn du dich fragst: Was war schuld an dem Unfall, kennst du schon die Ursache auf der Gedankenebene.
Ich konnte nicht mehr rechtzeitig bremsen, sagt dir, dass du in deinem Leben eine Entwicklung, z. B. im Beruf

oder in deiner Partnerschaft, derart beschleunigt hast, dass diese Entwicklung sich jetzt schon selbst gefährdet. Du solltest sofort alle Beschleunigungen in deinem Leben überprüfen und rechtzeitig das Tempo reduzieren.
Ich habe ihn oder es nicht gesehen, sagt dir, dass du auch in deinem Leben etwas sehr Wichtiges übersiehst.
Endet ein Überholmanöver mit einem Unfall, so solltest du schnellstens alle Überholmanöver auf der geistigen Ebene überprüfen.
Wer am Steuer einschläft, sollte schnellstens auch in seinem Leben aufwachen.
Du kannst jemanden schneiden, Abgrenzungen durchbrechen, die Richtung verwechseln, ebenso ist es gerade auch auf der geistigen Ebene mit dem Problem, mit dem du dich gerade beschäftigst.
Ein Unfall kann das Problem nicht lösen, er kann nur darauf hinweisen, er kann dich informieren.

Die Aufarbeitung kann nur durch das Erkennen und dein Umdenken erfolgen.

Die Jenseits- oder Traumreise - eine außerkörperliche Erfahrung:

Die Nachwirkungen einer Nah - Todeserfahrung zeigen sich meist als radikale Veränderung der Lebensführung. Meist lebt man dann bewusster und intensiver. Das Leben, das Sein im Hier und Jetzt wird intensiver erlebt. Die Betroffenen entwickeln philosophische Interessen, beschäftigen sich immer mehr mit religiösen, esoterischen Fragen und verfolgen humanistische Ziele und Werte.

Das Nah - Todeserlebnis kann man mit einer psychischen Wiedergeburt und der Bejahung der menschlichen Existenz gleich setzen.

Bevor sich das Bewusstsein des Sterbenden vom Körper löst, hören viele Personen Geräusche vom Klicken bis hin zu harmonischen Klängen. Danach sind sie in der Lage, ihren Körper von außerhalb zu beobachten.

Es ist ein Gefühl der Schwerelosigkeit, des Schwebens, Fliegens oder des Gleitens, auch durch materielle Gegenstände hindurch. Man hört und sieht alles, was um den Körper herum geschieht. Die Worte der anwesenden Personen, z. B. des Arztes, hinterlassen keinen Eindruck. Auf den Versuch, sich mitzuteilen, erfolgt keine Reaktion.

In einem Zustand, wo Zeit und Raum keine Bedeutung mehr haben, wird man sich bewusst, dass man jetzt einen Körper von keiner festen Beschaffenheit besitzt, einen Energiekörper.

Jetzt können Grenzen wie ein Fluss, Zäune, Türen oder

andere Trennungslinien, die für das körperliche Bewusstsein zu überwinden sind, auftauchen.
Auch der Weltenbaum, ein Symbol des Durchbruchs in eine andere Bewusstseinsebene, kann auftauchen.
Das Wasser bedeutet die Reinigung von den irdischen Daseinsbedingungen. Menschen, die nur vorübergehend ihren Körper verlassen, können im Gegensatz zu wirklich Verstorbenen dieses Wasser ohne Probleme überwinden. Sie haben eine weniger komplizierte Jenseitsreise vor sich als tatsächlich Verstorbene. Nach dem Durchfliegen des Tunnels oder der Dunkelheit taucht am anderen Ende meist ein helles Licht auf. In diesem eingehüllt, erfährt man ein Gefühl der grenzenlosen Liebe und Anerkennung, und alle Schuldgefühle dem Leben gegenüber verschwinden. Dieses Licht und das entstandene Gefühl gehören zu den bedeutendsten Erlebnissen und sie führen zu einer völligen spirituellen Verwandlung des Menschen. Man erkennt oft auch andere Lichtwesen, oft auch Bekannte mit menschlichen Zügen oder auch nur wie Gespenster. Die Stimmen werden nicht akustisch wahrgenommen, sondern über das Zentrum des Bewusstseins. In dieser Welt voll strahlender Farben und goldenen Lichts existieren die Vergangenheit, Gegenwart und die Zukunft zugleich. Einer Erleuchtung gleich, spult sich blitzschnell die Gesamtheit allen Wissens vor einem ab. Alle Stationen des ganzen Lebens werden wahrgenommen. Man weiß sofort, was man richtig und was man falsch gemacht hat. Von einem höhergestellten Wesen wird

dann meist die Rückkehr angeordnet, da die Zeit des Erdenlebens noch nicht abgelaufen sei. Oft geschieht die Rückkehr ins Hier nur widerwillig. Oft werden dem Lebensretter Vorwürfe gemacht. Während dieser ganzen Reise ist man durch das Astralband, ob als Seil, Schnur oder Band empfunden, mit seinem materiellen Leib in Verbindung. Dieses Silberband wird nur beim wirklichen Tod gelöst. Der wirkliche Übergang vom Leben zum Tod erfolgt meist fast unmerklich. Der Körper bricht zusammen, ohne dies bewusst zu bemerken, läuft das Bewusstsein einige Zeit auch ohne Körper weiter. Während dieser Zeitspanne können die physische Umgebung und die Stimmen der Anwesenden noch deutlich erfahren werden. In meinen Rückführungen zu Sterbeerlebnissen werden immer wieder unterschiedliche phantastische Beschreibungen geliefert.

Außerkörperliche Erfahrungen können auch in nicht koma- oder tranceartigen Zuständen auftreten, etwa bei Aktivitäten, die, die ganze Aufmerksamkeit erfordern und so eine kritische Selbstreflexion ausschalten. Das kann in einem Zustand ungewöhnlicher Wachheit oder einer tiefen Entspannung bis hin zu Lähmungsgefühlen geschehen.

Meist ist Erstaunen und eine heitere Überraschung die Reaktion auf die erste außerkörperliche Erfahrung. Manche beenden diese ungewöhnliche Erfahrung, den eigenen Körper von außen zu sehen, durch einen Schock abrupt und kommen so sofort ins Wachbewust-

sein zurück. Sie bringen sich so um eine sehr interessante Erfahrung.
Diese außerkörperliche Erfahrung wird meist als „oberhalb" des Körpers schwebend empfunden.
Die Gegenstände sehen während dieser Erfahrung unverändert aus, die Farben scheinen aber heller, leuchtender, beinahe aus sich heraus strahlend zu sein.
Das Gefühl zu wissen, ohne denken zu müssen, auf Fragen sofort eine Antwort zu haben, stellt sich ein.

Etwas, was die Menschheit gemeinsam hat, ist der Glaube an die Existenz einer Seele, eines mit dem Körper nur lose verbundenen Bewusstseins oder Lebensträgers. Diese Vorstellung ist bei fast allen Völkern und Kulturen zu finden.
Es gibt sehr viele Umschreibungen für den Begriff Seele. Für fast alle Völker ist die Seele das Lebensprinzip. Sie kann ohne den Körper existieren, sie ist aber die Voraussetzung unseres Bewusstseins. So gesehen ist unser materieller Körper zweitrangig und vollkommen von ihr abhängig, da er nur durch sie lebt. Bei der Abwesenheit der Seele ist der Körper bewusstlos oder wie tot. Er arbeitet auf Sparflamme rein mechanisch weiter.
Man könnte davon ausgehen, dass der „normale Mensch" nur halb wach ist und einem Hysteriker ähnlich ein stark eingeengtes Wahrnehmungsfeld hat, dass also fast ein jeder von uns bis zu einem gewissen Grad Opfer seiner Gewohnheits - Neurose ist; dass so gese-

hen fast ein jeder nur in einem sehr begrenzten kleinen Abschnitt, ob körperlich oder geistig, lebt. Wir benutzen nur etwa 10 bis15% unserer vorhandenen Fähigkeiten, vergleichbar mit einem Menschen, der von allen Fähigkeiten seines Körpers nur die Möglichkeit seinen kleinen Finger zu bewegen wahrnimmt.
Der normale Mensch muss erst aus seinem geistigen und körperlichen Gleichgewicht gebracht werden, um eine transzendierte Wirklichkeit zu erfahren.
Von der Norm abweichende Menschen, der „Abnormale“, also psychisch und physisch Kranke, soziale wie sexuelle Abweichungen verursachen einen Mangel an innerer Ausgeglichenheit. Sie erleichtern und verkürzen den Weg zu transindividuelle Fähigkeiten, zu einer höheren Ebene der Wirklichkeit.
Nach dem Zerfall der Egostrukturen, nach konsequenter geistiger Askese, Konzentration und Meditation können Lichterscheinungen, (leuchtende Aura, „Heiligenschein“) Lichterlebnisse und Lichtgestalten auftreten. Sie sind keine Halluzination, sondern ein reales Zeichen für höchste Erleuchtung.
Unser Denken hört nie auf. Ein Gedanke folgt dem anderen. So versucht uns das Ego von uns selbst abzulenken. Durch mentale Techniken wie: Konzentrationsübungen, Aufmerksamkeitseinengung, Meditation und hypnoide Bewusstseinsfokussierung kann man sich davon lösen und kommt so, losgelöst von der materiellen Welt, in seine Mitte.
Manchmal wird die Transzendenz, also das Über-

schreiten dieser Bewusstseinsgrenze und das Erfahren der Erleuchtung und der Ekstase nach lebensbestimmenden Krisen oder Krankheiten erreicht. Man wird sich des Höheren Selbst bewusst.
Durch das Ablegen des alten Ego und den Durchbruch zum transpersonalen Selbst fühlt man sich dann gereinigt und befreit. Die Art des vorherigen Lebens erscheint jetzt zurückblickend banal.
Jenseits von Zeit und Raum kommt die Überzeugung der Existenz einer übersinnlichen Kraftquelle, ein geistiges Erwachen in der Welt der Liebe und Vollkommenheit. Nach der Rückkehr in den Alltag wird wie bei der Todeserfahrung das Leben intensiver gelebt und von selbst stellt sich eine Abkehr vom Materiellen, sowie ein Ablegen des Be- und Verurteilens ein.
Die Erweiterung unseres Bewusstseins und die Einsicht in Wirklichkeiten jenseits der dreidimensionalen Welt sind für uns die Belohnung, wenn wir es schaffen, wenigstens zeitweise von der materiellen Welt loszulassen und nach innen, in unsere Mitte zu gehen.
Der Medizinmann erreicht dies, indem er mit seinem geistigen Sehen durch die Menschen hindurchschaut, und der Schamane, indem er seine Geister meist in einer Nah- Toderfahrung herbeiruft.
Die Weltbilder beider überspringen die Zeit und die Kausalität. Es gibt für alle und alles nur ein universelles magisches Kraftfeld - die Einheit aller Dinge, allen Seins. Es ist eine transpersonale Erfahrung.
Jeder Mensch besitzt die Möglichkeit, sein Bewusst-

sein vom Körper abzuspalten und in eine nichtphysische Welt des Geistes einzudringen.

Das Schamanentum, ein Grad der Transzendenz, ist die Grundlage jeder Religion. Diese Art der Einheitserfahrung finden wir bei christlichen, wie allen anderen Mönchen und Heiligen, sowie bei allen Spiritisten. Schamanen heilen, arbeiten mit nichtphysischen Energien, erfahren archetypische Symbole und Visionen, sprechen mit Geistern und Tieren, verlassen ihren Körper, beeinflussen die Elemente und Naturgesetze, beherrschen Telepathie, Hellsehen, Psychokinese, körperliche Verwandlungen und magische Beeinflussung von Pflanzen, Tieren und Menschen.

Schamanen und Medizinmänner benutzen auch sogenannte Hilfsgeister, dazu drei Hypothesen zur Erklärung:

1. Transpersonale Hypothese

   Nach dem Auflösen der Egostruktur ist es möglich sich einen Hilfsgeist, egal wie er aussieht, anzueignen. Das Aussehen ist vom Kulturkreis oder den Stammeskulturen, in denen man lebt, abhängig. Es sind charakteristische Erscheinungen einer über persönlichen Bewusstseinsebene.

2. Spiritistische Hypothese

   Der Hilfsgeist stammt aus dem Totenreich. Bei Stammeskulturen, sowie bei der westlichen Volksüberlieferung ist der Okkultismus, die Metaphysik und der Mediumismus bekannt. Es kann so zu Begegnungen mit Verstorbenen und Geistern kommen.

3. Psychodynamische Hypothese

Die Hilfsgeister entspringen der Imagination oder einer Projektion des Unbewussten. Die sogenannten Geisthelfer sind personifizierte, von innen nach außen verlagerte psychologische Bedürfnishaltungen. Der Schutzgeist ist ein Phantasiewesen wie ein unsichtbarer Phantasiegefährte oder ein imaginärer Freund. Als ratgebende Gestalt wirkt sie so als Katalysator der Psyche und hilft so, einen neuen transzendierten Lebensweg zu begehen.

Die Ratschläge des Hilfsgeistes entsprechen den kulturellen Erwartungen und Ansprüchen. Sie drücken verborgene Wünsche aus und bringen so das Unangenehme, Peinliche und Gefährliche an das Tageslicht. Der Hilfsgeist erleichtert so die allgemeine Lebensführung, bringt Entspannung und gelassene Handlungen.

Nur ein Beispiel, das von jedem normal Denkenden als unmöglich hingestellt wird: Für einen Schamanen bei den Eskimos wurde ein Loch in das Eis eines Sees geschlagen. Danach wurde der Schamane mit seiner Bekleidung an eine Stange gebunden und auf den Seegrund hinunter gestellt. Nach fünf Tagen wurde er mit trockener Bekleidung wieder heraufgeholt.

Die neuen Forschungen zeigen, dass es relativ einfach ist, diesen Zustand auszulösen oder ihn zu erreichen, z. B. indem man sich in eine leicht mit dem Tod endende Situation begibt. Das wären z. B. Unfälle, schwere Krankheiten und Ohnmachten, oder durch Trance und Ekstasen, ob durch Ton, Bewegung oder bewusstseinserweiternde Drogen ausgelöst.
Voraussetzung für ein derartiges Sterbeerlebnis ist eine Auflösung unserer gewöhnlichen Wahrnehmungsmuster und die Unterbrechung der biopsychischen Funktionsabläufe.
„Ein Mensch, der stirbt, bevor er stirbt, stirbt nicht, wenn er stirbt“, sagte Abraham a Santa Clara.
Durch anhaltende monotone Bedingungen z. B. das Gegeneinanderreiben zweier Steine bis zur Erschöpfung, Eingeschlossen - Sein in einem Bergwerkstollen, Tanzen bis zur Erschöpfung, usw. gelangt man in Trance oder einen meditativen Zustand.
Auch durch halluzinogene Pflanzen, Pilze u. a. z. B. Nikotin oder Lachgas, kann vorübergehende Transzendenz erreicht werden.
Am Anfang können körperliche Reaktionen wie: Erbrechen, Durchfall und starkes Schwitzen auftreten (Angst vor dem Unbekannten). Ein Gefühl des Fliegens, sowie Licht- und Farben- Illusionen treten auf, die von sich verändernden Bildern und Mustern abgelöst werden. Diese werden dann von traumartigen Szenen abgelöst. Durch die Veränderung des biochemischen und neurologischen Haushaltes wird unsere

Weltwahrnehmung, die aus Gewohnheitsstrukturen entsteht, zerstört.
Die Welt entsteht neu vor uns. Wir werden neu geboren und kehren zur embryonalen, pränatalen und urzeitlichen Welt zurück. Es entsteht keine halluzinative, krankhafte Selbsttäuschung, sondern die Alltagswelt wird durch eine märchenhafte Farben- und Formenpracht ersetzt.

Meditation

Loslassen und sich fallen lassen.
In der Meditation, wenn du in deiner Mitte bist, befreist du dich aus der Polarität, aus der scheinbaren Realität. Das ist aber gleichzeitig die Befreiung vom Ego. Tauchen in der Meditation Gedanken auf, kannst du nicht beim Ersten, Wichtigen verweilen, da dein Ego die Macht, Entscheidungen zu treffen, auskosten will. Dazu schafft es eine Auswahl an Gedanken.
Das ist die Ursache für das Gefühl der vielen Gedanken am Anfang einer Meditation.
Wenn du innerlich auf dein „Drittes Auge" ober deiner Nasenwurzel blickst, vermeidest du diese Gedanken.
Gelingt dir das nicht, dann lass diese Gedanken vorbeigehen, ohne sie aufzugreifen. Du kannst sie dir auch als Wolken vorstellen, die vorbeiziehen. Sind sie hartnäckig, dann sag zu ihnen: „Jetzt nicht, später".
In der Entspannung, in der du als meditierende Person geistig wach bist, in der Alpha - Phase, kommt es zu einer Synchronisation deiner Gehirnwellen und deiner

Körperrhythmen, von Herzschlagfrequenz, Atemfrequenz, Pulsfrequenz, Sauerstoffverbrauch, des Laktatspiegels im Blut u. a.
Das verbessert ständig deinen Gesundheitszustand, verringert dadurch die Krankenstände, Arztbesuche und den Medikamentenkonsum. Die veränderte Einstellung und die so gewonnene Ruhe und Gelassenheit wirken sich positiv auf deinen Körper aus.
In der Meditation können längst vergessene Erlebnisse ins Bewusstsein auftauchen, die, wenn sie positiv waren, angenehme Gefühle auslösen. Waren diese Erlebnisse jedoch unangenehm oder peinlich für dich, meist der Grund für ihre Verdrängung, so können diese Inhalte beängstigend wirken.
Da sich dies aber im entspannten Zustand abspielt, sind diese Bewusstseinsinhalte und Gefühle gut zu ertragen. Durch die Kopplung dieser Inhalte mit der angenehmen Entspannung wirst du „desensibilisiert".
Du kannst nun ganz gelassen an diese Ereignisse denken, das heißt, sie verursachen keine Ängste oder sonstige störende Gefühle mehr und du kannst sie so bewusst aufarbeiten.
Störungen in körperlichen oder anderen Bereichen werden dadurch geringer und lösen sich allmählich ganz auf. Durch diese Eigenarbeit benötigst du meist keinen Psychotherapeuten mehr.
Dadurch können bei etwa zwei Dritteln der Menschen leichte und mittelschwere „neurotische" Störungen von selbst aufgelöst werden.

Im Bereich der „linken Hirnhälfte“ kommt es zu einer Verbesserung der Intelligenzleistungen, messbar in der Form des Intelligenzquotienten, weiters des Konzentrationsvermögens, der Urteilskraft, des Abstraktionsvermögens und der Gedächtnisleistung.
Im Bereich der „rechten Gehirnhälfte“ sind vermehrtes kreatives Denken, Ideenreichtum und kreative Problemlösungen zu beobachten.
Du kommst dadurch zu klaren Traumbildern und spontanen Einfällen zur Problemlösung.
Durch „Zu - Fall“ fällt dir ein Artikel oder Buch zur Problemlösung ins Auge. Oder du triffst die Personen, die du zur Problemlösung benötigst. „Zufälle“ häufen sich und tauchen immer gerade dann auf, wenn du sie benötigst.

Richtiges Atmen

Wir achten ganz selten auf unsere Atmung. Aber gerade der Atmung sollten wir mehr Aufmerksamkeit schenken, denn wir atmen im Durchschnitt etwa fünfzehntausendmal pro Tag.
Wir machen in der Minute ca. 12 bis 15 Atemzüge.
Jetzt wirst du verstehen, warum richtiges Atmen so wichtig ist. Es ist ein großer Unterschied, ob du einen Fehler einmal oder fünfzehntausendmal am Tag machst, im Laufe der Zeit werden die Folgen sichtbar.
Mit jedem Atemzug nimmst du nicht nur Sauerstoff, sondern auch kosmische Energie, das sogenannte Prana,

die Urkraft, die alles Lebendige durchströmt und am Leben erhält, auf. Prana ist gleich mit dem Hauch Gottes, der alle Dinge im Universum erschafft und belebt.
Der Sauerstoff erhält deinen feststofflichen Körper am Leben und Prana nährt deinen feinstofflichen Körper, z. B. die Aura.
Diese Lebensenergie, also eine bessere Qualität deiner Atmung, ist die Ursache für die unglaubliche Heilkraft richtigen Atems. Dadurch verändert sich auch deine geistig - seelische Haltung.
Diese Zusammenhänge von Atmung und seelischen Vorgängen kennst du, z. B. durch Situationen, wo dir die Luft wegbleibt, oder solche, wo du erst einmal tief Luft holen musst.

Hast du die seelische und körperliche Harmonie verloren, z. B. wenn du ein ängstlicher und passiver Mensch bist, so atmest du flach. Selbstsichere und dynamische Menschen atmen kraftvoll und tief.
Durch flaches Atmen können Kopfschmerzen, Muskelschmerzen und auch Konzentrationsstörungen auftreten.
Den Atem anhalten signalisiert, dass tiefere Gefühle, meist durch Angst unterdrückt werden. Die Atmung in die Mitte ist der Idealfall.
Bei der Tief- oder Vollatmung wird nicht nur ein Teil der Lungen, sondern der gesamte Brustraum von den Schultern bis zum Zwerchfell gebläht.

Hast du Angst oder bist du wütend, spannst du deine Bauchmuskeln an, dadurch verlagert sich deine Atmung in den Brustraum. Jetzt atmest du schneller. Diese Atmung nennt man auch die Kampf- oder Fluchtatmung. Die Anspannung des Bauches, Angst, beengt das Zwerchfell. Diese Einschränkung der Zwerchfellatmung zeigt sich dann als Druck und Schwere in der Brust bis hin zu Übelkeit im Bauch und Verspannen der Muskulatur. Du unterdrückst damit unangenehme Gefühle. Das ist aber gleich sinnlos, wie wenn du deine Hände vor deine Augen gibst und zu jemand anderem sagst: „Du kannst mich nicht sehen".
Mit falschem Atmen wird also immer etwas verdrängt, anstatt aufgearbeitet. Atmen in deine Mitte wirkt also gegen Angst, Depression, für Stressabbau und zum Lindern oder Beseitigen von Schmerzen, wenn du mit dem Schmerz und nicht gegen den Schmerz atmest, z. B. der Wehenschmerz. Richtiges Atmen steigert auch die angenehmen Gefühle, z. B. beim Sex.

Auf den Atem zu achten, führt also zu Harmonie auf allen Ebenen.

Streck dich, Arme hoch und tief einatmen.

Zur Kräftigung deiner Lungen kannst du Luftballone aufblasen.

Eine weitere Übung zum Entspannen.

Der geistige Entspannungsort, dein Rückzugsort.

Das kann ein wirklicher oder ein in deiner Phantasie geschaffener Ort sein. Es soll hier der Urlaub deiner

Seele stattfinden, egal ob dieser Ort am Meer, im Gebirge, in der Wüste oder sonst wo ist.
An diesem Ort sollst du das Gefühl, frei zu sein, haben und hier hast du auch Zugang zu deinem Unterbewusstsein. Hier bestimmst du alles selbst, ob Pflanzen, Tiere, Wetter, Jahreszeit, einfach alles. Du sollst ihn dir so schaffen, oder ihn so verändern, dass du dich an diesem Ort immer wohl fühlst.
An diesem Ort, den du täglich aufsuchen sollst, kannst du deinem Unterbewusstsein deine Affirmationen und Suggestionen direkt übermitteln.

Jetzt zur Praxis:
Du atmest jetzt bewusst tief ein und während du ausatmest, stellst du dir die Zahl Sieben vor.
Jetzt entspannst du alle Muskeln in deinem Gesicht.
Du spürst, wie jetzt die Muskeln um die Augen und um deinen Mund locker werden.
Nun spürst du, wie die Ohren und das Kinn entspannt werden. Dein ganzes Gesicht ist jetzt entspannt, auch die Stirn und deine Kopfhaut sind jetzt ganz locker und entspannt.

Jetzt atmest du wieder tief ein. Und während du ausatmest, stellst du dir die Zahl Sechs vor.
Nun entspannst du deinen Oberkörper. Du spürst, wie deine Schultern und Arme ganz locker werden, genau so locker wie in dir deine Lungen und dein Herz. Nichts ist mehr verkrampft, alles ist jetzt locker und entspannt.

Atme wieder tief ein. Beim Ausatmen stellst du dir jetzt die Zahl Fünf vor.
Nun entspannst du deinen Bauch, dein Gesäß und deine Beine, bis hinab zu deinen Zehen.
Du spürst nun ganz genau, wie entspannt dein Körper jetzt vom Kopf bis zu den Zehen ist.

Du atmest wieder tief ein, und beim Ausatmen stellst du dir die Zahl Vier vor. Jetzt entspannst du deinen Geist. Alle Gedanken, die kommen, lässt du nun vorbeigehen. Verdränge sie nicht, sondern lass sie vorbeiziehen. Stell sie dir als Wolken vor.

Nun atmest du wieder tief ein, und stellst dir beim Ausatmen die Zahl Drei vor.
Spür jetzt in dich hinein, wie die Gedanken vergehen und wie du immer ruhiger und entspannter wirst.

Nun atmest du wieder tief ein, und stellst dir beim Ausatmen die Zahl Zwei vor.
Du spürst jetzt eine angenehme Stille in dir. Keine Gedanken kommen mehr.

Jetzt atmest du wieder tief ein,
und während des Ausatmens stellst du dir die Zahl Eins vor.
Jetzt ist alles still. Du gibst dich diesem herrlichen Gefühl der Stille hin. Du bist jetzt in deiner Mitte.
Hier kannst du dich geistig und körperlich erholen, neue

Kraft tanken und dich mit Energie aufladen. Wenn du bereit bist, zählst du bis drei und bist bei drei an deinem geistigen Entspannungsort, deinem Lieblingsort angelangt. Schau dich hier um, spür den Boden, die Erde, die angenehme Luft. Genieß es.
Fühl mit all deinen Sinnen, wie herrlich es hier ist,
fühl dich hier frei, wohl und geborgen.

Jetzt, hier in der Geborgenheit deiner Mitte, übermittelst du deinem Unterbewusstsein deine Affirmationen und dein Wunschbild zur Verwirklichung.

Wenn das geschehen ist, zählst du langsam von 1 bis 7 zurück und bist wieder ausgeruht und voller Energie im Hier und Jetzt.

Später reicht die Kurztechnik:

7. Kopf entspannen
6. Körper entspannen
5. Bauch und Beine entspannen
4. Geist entspannen
3. Geist noch mehr entspannen
2. Geist hat sich entspannt
1. Geist ist völlig entspannt

Affirmation und Bildvorstellung

Langsam von 1 bis 7 zählen = retour ins Hier und Jetzt.

Ich möchte dir auf dem Weg zur Erhöhung deines Bewusstseins den guten Rat geben, nicht wie ein Schaf einem Lehrer oder Guru egal ob in Form einer Person oder eines Buches nachzulaufen.

Die meisten selbst ernannten Gurus, die ihre Schüler um sich scharen, arbeiten nur für ihr Bankkonto und vor allem für ihr Ego. Jeder wird die Wahrheit aus seiner eigenen Erfahrung erkennen, wenn die Zeit dafür reif ist. Und ein jeder von uns wird dieses Ziel, mit **seiner** Geschwindigkeit und mit **seiner** eigenen Methode erreichen. Was für den einen richtig ist, muß nicht für dich richtig sein.

Ein guter Lehrer klammert sich nicht an seine Schüler, sondern er lässt sie los. Er zeigt seinen Schülern seinen Weg und ist für sie da, wenn sie selbst nicht weiterkommen, seinen Rat oder seine Hilfe brauchen.

Lehrer, die Probleme mit ihrem Selbstbewusstsein haben, missbrauchen ihre Schüler, die nicht selbst denken und urteilen wollen, dann für ihr Ego und ihren Komplex und machen sie so mehr oder weniger bewusst zu Abhängigen. So entstehen auch die Sekten.

Wie Sprossen auf einer Leiter gibt es viele Wege hin zur Vollkommenheit. Es hat aber keinen Sinn, etwas außerhalb von dir zu suchen oder etwas von jemand anderem zu erwarten. Alles ist schon immer in dir, du musst nur wach werden. Wenn du über ein gewisses Grundwissen verfügst, ist es an der Zeit, es in deinem Leben umzusetzen.

Urteile immer selbst und geh **deinen** Weg, nur du kannst ihn gehen.

Nur Mut, du schaffst alles.

Alles, was ich dir bis jetzt übermittelt habe, ist Information. Was du aber brauchst, ist Wissen.
Wissen ist die Kombination von Information und Erfahrung. Dieses Wissen kannst du dir aber nur durch das eigene Erleben und Erfahren aneignen.
Wenn du die Information mit deiner persönlichen Erfahrung kombinierst, dann erlangst du ein viel tieferes Verständnis, **ein Wissen,** das du vorher nicht hattest.
Du bist ein geistiges Wesen.
Deinen Verstand benutzt du, um Informationen zu verarbeiten, deine Gefühle setzt du ein, um die Fragen in deinem Inneren zu spüren und sie zu klären und durch deinen physischen Körper ist es dir möglich, äußere Erfahrungen in dieser Welt zu machen.

Nicht das, was du möchtest, auch nicht das, was du willst, geschieht in deinem Leben, sondern es geschieht immer das, was du glaubst.

Glauben ist die innere Überzeugung, dass das, was du dir wünscht, wirklich geschaffen werden kann.
Wenn du etwas befürchtest oder bezweifelst, dann glaubst du es. Befürchten und Zweifeln ist negativer Glaube.

Der Glaube ist immer das Produkt von deinem Selbstvertrauen, das du besitzt, Selbstvertrauen ist das Produkt von deinem Selbstbewusstsein, Selbstbewusstsein ist das Ergebnis deiner Meinung über dich selbst.
Wenn du dich für ein Wesen dieser Welt hältst, werden dich die hier herrschenden Gedanken des Mangels, der Krankheit, der Probleme und des Todes beherrschen.
Bist du aber überzeugt, dass du ein Teil Gottes oder des Schöpfers bist, dass du als universelles Bewusstsein nicht an deinen Körper gebunden existierst, erlebst du, dass du nicht den Gesetzen dieser Welt, sondern den Gesetzen des Schöpfers unterstehst. Dann ist das Leben wunderbar.

Zur Unterstützung und Hilfe für jeden, der diesen Weg gehen will, biete ich meine Seminare an.

Mentaltraining u.
Positiv - Denken - Seminar

Wir könnten in Wohlstand, Gesundheit, harmonischer Partnerschaft und mit Erfolg im Beruf leben, aber wir denken uns krank und unglücklich.
In diesem Seminar wird die Funktion von Gehirn, Tagesbewusstsein, Unterbewusstsein und die Entstehung der falschen Programme mit praktischen Beispielen erklärt.
Du lernst dein wahres Ich und dein Ego kennen. Die negativen Gedanken, die uns in Krankheit, Unsicherheit, Angst und Zweifel versetzen, werden auf logische Art umgewandelt in positive Gedanken von Gesundheit, Selbstsicherheit, Harmonie und Wohlstand.

Mentaltraining - Seminar 2

In diesem Seminar wird praktiziert, wie wir falsche Programme aufarbeiten, die Vergangenheit loslassen, unsere Schuldgefühle auflösen, den Umgang mit Partnerschaftsproblemen und wie wir Angst, Hass, Stress, Sorgen, Depressionen, Gewichtsprobleme, Rauchen, Krankheiten und Tod bewältigen können.
Nun sind wir in der Lage, uns durch Üben den Herausforderungen des Lebens zu stellen, uns selbst und anderen zu helfen.
In diesem Seminar lernen wir auch körperliche und geistig - seelische Entspannungsübungen kennen.

Mentaltraining - Seminar 3

Nachdem wir jetzt wissen, dass alles, was ist, Energie ist und wir für alles, was uns im Leben geschieht, ob positiv oder negativ, selbst verantwortlich sind, lernen wir jetzt einen leichteren und einfacheren Weg zur Verwirklichung unseres schöneren, erfolgreicheren und besseren Lebens kennen.
Uns bis jetzt unmöglich Erscheinendes, „Wunder ", werden jetzt möglich.

Rückführungsseminar ohne Hypnose und Einzelrückführungen

Zur Bewusstseinserweiterung oder Vergangenheitsbewältigung. In diesem Seminar kann man seine früheren Leben entdecken. Ob aus Interesse oder zum Bewältigen und Auflösen von Ängsten, Zwängen, Alpträumen, Krankheiten, Phobien, Verhaltensstörungen und anderen Verhaltensmustern.

Literaturhinweise

Edgar Cayce	Über das Höhere Selbst Goldmann Verlag München 1989
Rüdiger Dahlke	Krankheit als Sprache der Seele Bertelsmann Verl. München 1992 Krankheit als Weg Bertelsmann Verl. München 1990
Hans Deidenbach	Zur Psychologie der Bergpredigt Fischer Verlag Frankfurt 1990
Erhard F. Freitag	Die Macht ihrer Gedanken Kraftzentrale Unterbewußtsein Goldmann Verlag München 1986
Manfred Glojek	Umdenken - der Weg aus der Krankheit - Eigenverlag Weg von den Gewichtsproblemen Eigenverlag Rauchen - nein danke - Eigenverlag
Chris Griscom	Die Heilung der Gefühle Goldmann Verlag München 1991
Louise L. Hay	Gesundheit für Körper und Seele Heyne Verlag München 1989 Heile deinen Körper Alf Lüchow Verlag Freiburg 1989
Kurt Tepperwein	Geistheilung durch sich selbst Ariston Verlag Genf 1975 Kraftquelle Mentaltraining Ariston Verlag Genf 1986